◆─────────*En un acto*

D1166110

◆————————*En un acto*

Diez piezas hispanoamericanas

Third Edition

Edited by

Frank Dauster
Rutgers University

Leon F. Lyday
The Pennsylvania State University

Publisher: Stanley J. Galek
Editorial Director: A. Marisa French
Assistant Editor: Erika Skantz
Project Management/Production Services: NovoMac Enterprises
Production and Manufacturing Manager: Erek Smith
Production Supervisor: Patricia Jalbert
Text Design: Marcia Hanley
Cover Art: Rolando Moreno/Teatro Avante's Hispanic Theater Festival
Cover Design: Christy L. Rosso

Photo Credits

El delantal blanco Monique Manceau/Photo Researchers, Inc.; *Los fantoches* French Government Tourist Office; *La maestra* "Primer Acto" Theatre Co./ Diana Taylor, Director; *La repetición* Tim Carlson/Stock,Boston; *El censo* Mark Morelli/Chamber Theatre Productions Inc.; *Una mariposa blanca* Jen and Des Bartlett/Photo Researchers, Inc.; *El tigre* Ira Kirschenbaum/Stock,Boston; *Estudio en blanco y negro* Fred Lyon/Rapho-Photo Researchers, Inc.; *Historia de un flemón* Michael Romanos/Chamber Theatre Productions Inc.; *Decir sí* "Primer Acto" Theatre Co./Diana Taylor, Director.

Heinle & Heinle Publishers is a division of Wadsworth, Inc.

Manufactured in the United States of America

ISBN 0-8384-1865-1

10 9 8 7 6

Contenido

◆——————————*Preface*

En un acto: Diez piezas hispanoamericanas, third edition, is a collection of one-act plays for intermediate college Spanish courses or level four or five of high school Spanish courses. It may be used as an introduction to Spanish-American theater or as a supplementary text in a survey of Spanish-American literature. The plays have been selected for their literary merit, and have not been altered in any way. The authors included present seven Spanish-American countries.

In this edition, two plays from the second edition, *Juicio final* and *El génesis fue mañana*, have been replaced by *La maestra* by Enrique Buenaventura and *Decir sí* by Griselda Gambaro. Each of these plays has achieved acclaim in its own country. Together they afford the anthology added thematic and dramatic variety. *La maestra* is a simple, lyrical denunciation of political violence while *Decir sí* is a twisted tale of society's inability to deal with mysterious and sinister forces. Like the other plays in the volume, both works are suitable for the intermediate level and can be staged in a classroom or club environment.

The book opens with a short student-oriented introduction to reading one-act plays. The plays progress in linguistic complexity, with footnotes to explain unusual or complicated constructions and unfamiliar references. Each play is accompanied by a brief commentary in English about the dramatist and his works, with specific pre-reading questions to direct students' attention as they read. A set of exercises follows each work. The exercises include: (1) *Preguntas:* questions in Spanish that check the students' comprehension of the play, to be answered orally or in writing; (2) *Temas:* a group of statements that stress the play's underlying themes and ideas for written compositions or prepared discussions; and (3) *Puestas en escena:* open-ended role play activities that encourage students to act out situations based on what they have read. A complete Spanish-English glossary is provided at the end of the book.

The editors remain convinced that the one-act play is especially appropriate as a vehicle to develop the language skills stressed in intermediate courses. The form's relative brevity, its concentration on the spoken language, its lack of extraneous descriptive and narrative materials, and its dramatic immediacy all promote the development of oral and written skills.

Special thanks go to the following reviewers: Bill Bruhn (Miami University of Ohio), Malcolm Compitello (Michigan State University), and Catherine Larson (Indiana University).

◆────────────*Reading the One-act Play*

Reading Plays. Most students, like most other readers, are not accustomed to reading plays. The natural reaction is to approach them as though they were narrative fiction. There are, however, important differences between theater and narrative fiction, and there are equally important differences in the ways we ought to read them. Novels and short stories, like poems, are intended to be read in comfort at home, in a library, or wherever else the reader may happen to be. Some critics and teachers prefer to study plays as drama, that is, as a branch of literature, without any consideration of what happens to a playscript when it is produced on a stage. But a play is written to be performed by actors on a stage, before a live audience. Visual elements such as scenery, costume, and physical movement can play a major role; so can dance and music. The word is not the only substance of a play, as it is for a novel; if we are to understand fully the nature of any play, we should incorporate both the verbal and the nonverbal elements.

Obviously, each of us cannot stage his own production of a play. We can, however, learn to read plays as *plays*, that is, thinking in terms of what would make a good performance. This means recognizing that a play is not simply a series of speeches attempting to communicate something called a message. The spoken word is a major part of theater, but a play encompasses more than dialogue. Stage directions are just as important to read when attempting to visualize the production. Very often what is *not* said is as important as what the characters actually say. How they dress, how they move, how the stage is set, are all important elements of a play and must be considered when the play is read.

Reading a play means *seeing* the play and the characters in our imagination. We must learn to (1) visualize the stage as it would appear in the theater, (2) pay careful attention to stage directions, (3) pay close attention to character descriptions, (4) be aware of what the characters are doing when not speaking. Sometimes it is helpful to imagine the play visually with familiar actors, as though we were directors in a rehearsal. We might ask what tone of voice is used by each actor. What facial expressions are used? We must watch for changes in lighting or sound and specific directions for movement or background actions that, although barely indicated in stage directions, may be a major element on the stage. Learning to read a play in this fashion requires some practice and care in reading, but it is not especially difficult.

Structure. Traditionally, long plays were written in three acts: the first served to present the theme or problem of the play, the second to develop the theme and present the complications, and the third led to the climax and ensuing resolution. During the twentieth century this practice has been all but abandoned by many playwrights, and the notion of dramatic form has been enriched and broadened to include a variety of creative possibilities. It is now just as common to find a play in two long acts, rather than three short ones; many plays consist of a series of scenes with little or no formal division into acts. This often means that the underlying dramatic action of the play cannot be presented in traditional form, and there is heavy reliance on flashbacks, simultaneous actions taking place on the stage, and other resources. The English dramatist Harold Pinter's highly successful play *Betrayal* reverses the chronological relationships between its scenes: first we see the resulting situation today, and then slowly we see the unfolding of the situations which led to that result. In a sense, the play goes backwards. Not many dramatists have gone that far, but it is almost as common today to find a play which does not present its theme in logical chronological form as to find one that does. In the same way, the barriers between audience and play have been broken down. Many dramatists see theater as a sort of collaborative art form in which audience reactions play a large part. It is common for members of the cast to speak directly with the audience or even to interact with them.

Characters. Notions of character have been altered just as drastically. Traditionally, a character was supposed to be psychologically convincing, consistent within the outlines of his psychological profile as the dramatist had presented him. But playwrights today are unwilling to settle for this kind of strait jacket any more than they will accept the idea of a necessary division into three acts. A character may just as well be contradictory as consistent, or a type with broad characteristics rather than the carefully developed realistic individual once demanded.

The One-act Play. All this is as true for one-act plays as for any other. A one-act play is not just a miniature long play, any more than a short story is a miniature novel, but the techniques for reading remain the same. The difference between the two lies not in how we read them but in what we should look for. The real difference between the play in one act and the longer work is really quite simple: the dramatist does not have the same amount of time to develop a theme or characters. A work such as *Hamlet* or *Death of a Salesman* requires a greater amplitude in order to develop fully the complex patterns of human relations, the broad social panorama or the moral questions presented by the playwright.

Just as the short story writer cannot present as broad a panorama as the novelist, the author of the one-act play cannot paint such a sweeping canvas; there are limitations. He cannot use the complicated structure of problem, development, and resolution, or the same kind of intricate games with time and spatial relations of the longer play; these would only be confusing. The same is true for character development; it is simply not possible to do as much in one act as in three.

As a result, the dramatist must reduce the breadth, although not necessarily the depth, of his work. In other words, the satire can be as sharp, the characters can have abundant psychological depth, the farce can be as comic, but the play cannot do *all* these things to the same degree that a longer play can be made to do. If the full-length play can present a complete portrayal of a character or a situation or a problem, the one-act play can present only one view of them. At the same time, this freedom from the requirements of maintaining the play's development over a much longer period of time also gives the playwright liberty to do other kinds of things. He or she is free to write a brief fantasy, a short satire, a broad farce, or a psychological vignette without having to worry about integrating them into a more developed whole. The one-act play affords the dramatist the opportunity to concentrate on the theatrical possibilities of a situation without being concerned about whether the situation is capable of full-scale development. This does not mean that the one-act play is an inferior form because it is shorter; like the sonnet or the short story it has its own characteristics, and when the author recognizes this set of limitations and works within them, the result can be equally rewarding.

El delantal blanco

◆————————————Sergio Vodanović

Sergio Vodanović was born in 1926 in Chile. His first play, *El príncipe azul*, was produced in 1947. Vodanović's earlier works are primarily realistic, ranging from light comedy to attacks on public and political corruption and portraits of the intolerable public and private pressures which conspire against morality in government. Since the 1960s, Vodanović has written almost exclusively in this vein of social criticism; during the early years after the overthrow of the Allende government and installation of the dictatorship of General Pinochet he lived in exile in Colombia. Recently he has worked with groups such as *Ictus*, which engage in collective creation, that is, whose plays are written cooperatively. An example is *Cuantos años tiene un día*, staged in Washington, D.C., and New York in 1979, which deals with television writers struggling to work in spite of the repressive measures of the newly installed dictatorship. Vodanović has called the play virtually a plea to Chilean writers to remain in Chile and go on with their work.

Vodanović's earlier dramas used straightforward realistic techniques to portray as accurately as possible a society whose mores the plays criticized, but in his later works his characters have become more complex as his attitudes have become more provocative. *Viña* (1964) is a trilogy of one-act plays, including *La gente como nosotros*, *Las exiladas*, and *El delantal blanco*, all of which underline the falsity of accepted social values. In *El delantal blanco* a seemingly innocent exchange of clothing with her maid subverts a wealthy woman's world. The play is both a warning and a lesson, as it shows the superficial nature of privilege and outward appearance and the resentment of those locked into subordinate positions. Beneath the woman's boredom and temporary inconvenience, there is a fierce attack on a social order gone mad in its reliance on the superficial.

El delantal blanco is an exercise in game and role playing, two intimately related themes that have become increasingly important in Spanish American theater during the last two decades. On one hand there is the conception of theater as game, as a kind of activity which has no real purpose other than the expression of the human need to engage in such play. The exchange of roles between *La señora* and *La empleada* is not understandable simply as a result of *La señora's* boredom. We must ask why she chooses to engage in such a game. Role playing is the adoption of variant identities or modes of behavior apparently at odds with the accepted behavior. In *El delantal blanco* each character has a clearly defined social function which may or may not be the same at all times, just as the roles of teacher and student are not necessarily those which we adopt when we leave the classroom. When a character—or a person in life—attempts to delude others as to who they really are, it calls into question the nature of the previously accepted roles. When they engage in games, in play within a play, we must ask what that says about plays in general. To what extent is a play independent of the reality which it seems to portray? If we are unable to tell which of a character's diverse identities is the real one, how can we tell which, if any, of the rules by which we organize our lives and our societies are real and which are artificial conventions?

The exchange in *El delantal blanco* begins as a heartless game, but we must ask why *La señora* insists on this game. At the same time that *El delantal blanco* shows the superficiality of class distinctions, it asks disturbing questions about the nature and solidarity of our own self-image and our motivations.

1. What kinds of games do we see played in *El delantal blanco*, and how important is role playing in these games?
2. Why does *La señora* behave as she does? Sheer boredom? Insensitive cruelty? An unconscious need to indulge in formalized game structures?

Sergio Vodanović

El delantal blanco

personajes

La Señora
La Empleada
Dos Jóvenes
La Jovencita
El Caballero Distinguido

La playa.
Al fondo, una carpa.
Frente a ella, sentadas a su sombra, La SEÑORA *y La* EMPLEADA.
La SEÑORA *está en traje de baño y, sobre él, usa un blusón de toalla blanca que*
le cubre hasta las caderas. Su tez está tostada por un largo veraneo. La EMPLEADA
viste su uniforme blanco. La SEÑORA *es una mujer de treinta años, pelo claro, ros-*
tro atrayente aunque algo duro. La EMPLEADA *tiene veinte años, tez blanca, pelo*
negro, rostro plácido y agradable.

LA SEÑORA: *(Gritando hacia su pequeño hijo, a quien no ve y que se supone está*
a la orilla del mar, justamente al borde del escenario.) ¡Alvarito! ¡Alvarito!
¡No le tire arena a la niñita! ¡Métase al agua! Está rica[1]... ¡Alvarito, no!
¡No le deshaga el castillo a la niñita! Juegue con ella... Sí, mi hijito...
juegue...
LA EMPLEADA: Es tan peleador...
LA SEÑORA: Salió al padre[2]... Es inútil corregirlo. Tiene una personalidad
dominante que le viene de su padre, de su abuelo, de su abuela...
¡sobre todo de su abuela!
LA EMPLEADA: ¿Vendrá el caballero[3] mañana?
LA SEÑORA: *(Se encoge de hombros con desgano.)*[4] ¡No sé! Ya estamos en
marzo, todas mis amigas han regresado y Álvaro me tiene todavía
aburriéndome en la playa. El dice que quiere que el niño aproveche las
vacaciones, pero para mí que es él quien está aprovechando. *(Se saca el*
blusón y se tiende a tomar sol.) ¡Sol! ¡Sol! Tres meses tomando sol. Estoy
intoxicada de sol. *(Mirando inspectivamente a la* EMPLEADA.) ¿Qué haces
tú para no quemarte?
LA EMPLEADA: He salido tan poco de la casa...
LA SEÑORA: ¿Y qué querías? Viniste a trabajar, no a veranear. Estás recibiendo sueldo, ¿no?
LA EMPLEADA: Sí, señora. Yo sólo contestaba su pregunta...

◆ ◆ ◆

1. Está rica *It's great.* 2. Salió al padre *He's just like his father.* 3. el caballero: el marido de la señora 4. Se... desgano. *She shrugs her shoulders*
disinterestedly.

La SEÑORA permanece tendida recibiendo el sol. La EMPLEADA saca de una bolsa de género[5] una revista de historietas fotografiadas[6] y principia a leer.

LA SEÑORA: ¿Qué haces?
LA EMPLEADA: Leo esta revista.   5
LA SEÑORA: ¿La compraste tú?
LA EMPLEADA: Sí, señora.
LA SEÑORA: No se te paga tan mal, entonces, si puedes comprarte tus
      revistas, ¿eh?
                                                                                 10
La EMPLEADA no contesta y vuelve a mirar la revista.

LA SEÑORA: ¡Claro! Tú leyendo y que Alvarito reviente, que se ahogue[7]…
LA EMPLEADA: Pero si está jugando con la niñita…
LA SEÑORA: Si te traje a la playa es para que vigilaras a Alvarito y no para   15
      que te pusieras a leer.

La EMPLEADA deja la revista y se incorpora para ir donde está Alvarito.

LA SEÑORA: ¡No! Lo puedes vigilar desde aquí. Quédate a mi lado, pero   20
      observa al niño. ¿Sabes? Me gusta venir contigo a la playa.
LA EMPLEADA: ¿Por qué?
LA SEÑORA: Bueno… no sé… Será por lo mismo que me gusta venir en el
      auto, aunque la casa esté a dos cuadras. Me gusta que vean el auto.
      Todos los días, hay alguien que se para al lado de él y lo mira y comen- 25
      ta. No cualquiera tiene un auto como el de nosotros… Claro, tú no te
      das cuenta de la diferencia. Estás demasiado acostumbrada a lo
      bueno… Dime… ¿Cómo es tu casa?
LA EMPLEADA: Yo no tengo casa.
LA SEÑORA: No habrás nacido empleada, supongo. Tienes que haberte   30
      criado en alguna parte, debes haber tenido padres… ¿Eres del campo?
LA EMPLEADA: Sí.
LA SEÑORA: Y tuviste ganas de conocer la ciudad,¿ah?
LA EMPLEADA: No. Me gustaba allá.
LA SEÑORA: ¿Por qué te viniste, entonces?   35
LA EMPLEADA: Tenía que trabajar.
LA SEÑORA: No me vengas con ese cuento. Conozco la vida de los inquili-
      nos en el campo. Lo pasan bien. Les regalan una cuadra para que

◆ ◆ ◆

5. bolsa de género *cloth bag*   6. revista… fotografiadas *Type of magazine
very popular in Europe and Latin America, consisting of stories similar to television
soap operas or cheap love magazines, with accompanying photographs.*   7. que…
ahogue *who cares what happens to Alvarito, let him drown. (Spoken ironically, of
course.)*

cultiven. Tienen alimentos gratis y hasta les sobra para vender. Algunos tienen hasta sus vaquitas... ¿Tus padres tenían vacas?

LA EMPLEADA: Sí, señora. Una.

LA SEÑORA: ¿Ves? ¿Qué más quieren? ¡Alvarito! ¡No se meta tan allá que
5   puede venir una ola! ¿Qué edad tienes?

LA EMPLEADA: ¿Yo?

LA SEÑORA: A ti te estoy hablando. No estoy loca para hablar sola.

LA EMPLEADA: Ando en[8] los veintiuno...

LA SEÑORA: ¡Veintiuno! A los veintiuno yo me casé. ¿No has pensado en
10   casarte?

La EMPLEADA baja la vista y no contesta.

LA SEÑORA: ¡Las cosas que se me ocurre preguntar! ¿Para qué querrías
15   casarte? En la casa tienes de todo: comida, una buena pieza, delantales
limpios... Y si te casaras... ¿Qué es lo que tendrías? Te llenarías de
chiquillos, no más.

LA EMPLEADA: *(Como para sí.)* Me gustaría casarme...

LA SEÑORA ¡Tonterías! Cosas que se te ocurren por leer historias de amor
20   en las revistas baratas... Acuérdate de esto: Los príncipes azules ya no
existen. No es el color lo que importa, sino el bolsillo. Cuando mis
padres no me aceptaban un pololo[9] porque no tenía plata, yo me
indignaba, pero llegó Álvaro con sus industrias y sus fundos y no quedaron contentos hasta que lo casaron conmigo. A mí no me gustaba
25   porque era gordo y tenía la costumbre de sorberse los mocos,[10] pero
después en el matrimonio, uno se acostumbra a todo. Y llega a la con-
clusión que todo da lo mismo,[11] salvo la plata. Sin la plata no somos
nada. Yo tengo plata, tú no tienes. Esa es toda la diferencia entre
nosotras. ¿No te parece?

30 LA EMPLEADA: Sí, pero...

LA SEÑORA: ¡Ah! Lo crees, ¿eh? Pero es mentira. Hay algo que es más
importante que la plata: la clase. Eso no se compra. Se tiene o no se
tiene. Álvaro no tiene clase. Yo sí la tengo. Y podría vivir en una pocilga y todos se darían cuenta de que soy alguien. No una cualquiera.
35   Alguien. Te das cuenta, ¿verdad?

LA EMPLEADA: Sí, señora.

LA SEÑORA: A ver... Pásame esa revista. *(La EMPLEADA lo hace. La SEÑORA la
hojea. Mira algo y lanza una carcajada.)* ¿Y esto lees tú?

LA EMPLEADA: Me entretengo, señora.

◆ ◆ ◆

8. Ando en: tengo aproximadamente   9. no... pololo *wouldn't accept one of my
boyfriends.*   10. sorberse los mocos *sniffle*   11. todo da lo mismo *nothing
makes any difference.*

LA SEÑORA: ¡Qué ridículo! ¡Qué ridículo! Mira a este roto[12] vestido de smoking. Cualquiera se da cuenta que está tan incómodo en él como un hipopótamo con faja... *(Vuelve a mirar en la revista.)* ¡Y es el conde de Lamarquina! ¡El conde de Lamarquina! A ver... ¿Qué es lo que dice el conde? *(Leyendo.)* «Hija mía, no permitiré jamás que te cases con   5
Roberto. Él es un plebeyo. Recuerda que por nuestras venas corre sangre azul». ¿Y ésta es la hija del conde?
LA EMPLEADA: Sí. Se llama María. Es una niña sencilla y buena. Está enamorada de Roberto, que es el jardinero del castillo. El conde no lo permite. Pero... ¿sabe? Yo creo que todo va a terminar bien. Porque en el   10
número anterior Roberto le dijo a María que no había conocido a sus padres y cuando no se conoce a los padres, es seguro que ellos son gente rica y aristócrata que perdieron al niño de chico o lo secuestraron...
LA SEÑORA: ¿Y tú crees todo eso?
LA EMPLEADA: Es bonito, señora.   15
LA SEÑORA: ¿Qué es tan bonito?
LA EMPLEADA: Que lleguen a pasar cosas así. Que un día cualquiera, uno sepa que es otra persona, que en vez de ser pobre, se es rica; que en vez de ser nadie, se es alguien, así como dice Ud....
LA SEÑORA: Pero no te das cuenta que no puede ser... Mira a la hija...   20
¿Me has visto a mí alguna vez usando unos aros así? ¿Has visto a alguna de mis amigas con una cosa tan espantosa? ¿Y el peinado? Es detestable. ¿No te das cuenta que una mujer así no puede ser aristócrata?... ¿A ver? Sale fotografiado aquí el jardinero...
LA EMPLEADA: Sí. En los cuadros del final. *(Le muestra en la revista. La*   25
SEÑORA ríe encantada.)
LA SEÑORA: ¿Y éste crees tú que puede ser un hijo de aristócrata? ¿Con esa nariz? ¿Con ese pelo? Mira... Imagínate que mañana me rapten a Alvarito. ¿Crees tú que va a dejar por eso de tener su aire de distinción?
LA EMPLEADA: ¡Mire, señora! Alvarito le botó el castillo de arena a la niñi-   30
ta de una patada.
LA SEÑORA: ¿Ves? Tiene cuatro años y ya sabe lo que es mandar, lo que es no importarle los demás. Eso no se aprende. Viene en la sangre.
LA EMPLEADA: *(Incorporándose.)* Voy a ir a buscarlo.
LA SEÑORA: Déjalo. Se está divirtiendo.   35

La EMPLEADA *se desabrocha el primer botón de su delantal y hace un gesto en el que muestra estar acalorada.*

LA SEÑORA: ¿Tienes calor?   40
LA EMPLEADA: El sol está picando fuerte.

◆ ◆ ◆

12. roto (Chil.) *member of the urban poor class*

LA SEÑORA: ¿No tienes traje de baño?
LA EMPLEADA: No.
LA SEÑORA: ¿No te has puesto nunca traje de baño?
LA EMPLEADA: ¡Ah, sí!
5 LA SEÑORA: ¿Cuándo?
LA EMPLEADA: Antes de emplearme. A veces, los domingos, hacíamos
excursiones a la playa en el camión del tío de una amiga.
LA SEÑORA: ¿Y se bañaban?
LA EMPLEADA: En la playa grande de Cartagena. Arrendábamos trajes de
10 baño y pasábamos todo el día en la playa. Llevábamos de comer y...
LA SEÑORA: *(Divertida.)* ¿Arrendaban trajes de baño?
LA EMPLEADA: Sí. Hay una señora que arrienda en la misma playa.
LA SEÑORA: Una vez con Álvaro, nos detuvimos en Cartagena a echar
bencina al auto y miramos a la playa. ¡Era tan gracioso! ¡Y esos trajes
15 de baño arrendados! Unos eran tan grandes que hacían bolsas[13] por
todos los lados y otros quedaban tan chicos que las mujeres andaban
con el traste afuera. ¿De cuáles arrendabas tú? ¿De los grandes o de los
chicos?

20 *La* EMPLEADA *mira al suelo taimada.*

LA SEÑORA: Debe ser curioso... Mirar el mundo desde un traje de baño
arrendado o envuelta en un vestido barato... o con uniforme de empleada como el que usas tú... Algo parecido le debe suceder a esta
25 gente que se fotografía para estas historietas: se ponen smoking o un
traje de baile y debe ser diferente la forma como miran a los demás,
como se sienten ellos mismos... Cuando yo me puse mi primer par de
medias, el mundo entero cambió para mí. Los demás eran diferentes;
yo era diferente y el único cambio efectivo era que tenía puesto un par
30 de medias... Dime... ¿Cómo se ve el mundo cuando se está vestida con
un delantal blanco?
LA EMPLEADA: *(Tímidamente.)* Igual... La arena tiene el mismo color... las
nubes son iguales... Supongo.
LA SEÑORA: Pero no... Es diferente. Mira. Yo con este traje de baño, con
35 este blusón de toalla, tendida sobre la arena, sé que estoy en «mi
lugar», que esto me pertenece... En cambio tú, vestida como empleada,
sabes que la playa no es tu lugar, que eres diferente... Y eso, eso te
debe hacer ver todo distinto.
LA EMPLEADA: No sé.
40 LA SEÑORA: Mira. Se me ha ocurrido algo. Préstame tu delantal.
LA EMPLEADA: ¿Cómo?

◆ ◆ ◆

13. hacían bolsas *they bagged out.*

LA SEÑORA: Préstame tu delantal.
LA EMPLEADA: Pero... ¿Para qué?
LA SEÑORA: Quiero ver cómo se ve el mundo, qué apariencia tiene la playa cuando se la ve encerrada en un delantal de empleada.
LA EMPLEADA: ¿Ahora?   5
LA EMPLEADA: Pero es que... No tengo un vestido debajo.
LA SEÑORA: *(Tirándole el blusón.)* Toma... Ponte esto.
LA EMPLEADA: Voy a quedar en calzones...
LA SEÑORA: Es lo suficientemente largo como para cubrirte. Y en todo caso vas a mostrar menos que lo que mostrabas con los trajes de baño   10
que arrendabas en Cartagena. *(Se levanta y obliga a levantarse a la* EMPLEADA.*)* Ya. Métete en la carpa y cámbiate. *(Prácticamente obliga a la* EMPLEADA *a entrar a la carpa y luego lanza al interior de ella el blusón de toalla. Se dirige al primer plano y le habla a su hijo.)*
LA SEÑORA: Alvarito, métase un poco al agua. Mójese las patitas siquie   15
ra... No sea tan de rulo[14]... ¡Eso es! ¿Ves que es rica el agüita? *(Se vuelve hacia la carpa y habla hacia dentro de ella.)* ¿Estás lista? *(Entra a la carpa.)*

Después de un instante, sale la EMPLEADA *vestida con el blusón de toalla. Se ha prendido el pelo hacia atrás y su aspecto ya difiere algo de la tímida muchacha*   20
que conocemos. Con delicadeza se tiende de bruces sobre la arena. Sale la SEÑORA *abotonándose aún su delantal blanco. Se va a sentar delante de la* EMPLEADA, *pero vuelve un poco más atrás.*

LA SEÑORA: No. Adelante no. Una empleada en la playa se sienta siempre   25
un poco más atrás que su patrona. *(Se sienta sobre sus pantorrillas y mira, divertida, en todas direcciones.)*

La EMPLEADA *cambia de postura con displicencia. La* SEÑORA *toma la revista de la* EMPLEADA *y principia a leerla. Al principio, hay una sonrisa irónica en sus labios*   30
que desaparece luego al interesarse por la lectura. Al leer mueve los labios. La EMPLEADA, *con naturalidad, toma de la bolsa de playa de la* SEÑORA *un frasco de aceite bronceador y principia a extenderlo con lentitud por sus piernas. La* SEÑORA *la ve. Intenta una reacción reprobatoria, pero queda desconcertada.*

35

LA SEÑORA: ¿Qué haces?

La EMPLEADA *no contesta. La* SEÑORA *opta por seguir la lectura, vigilando de vez en vez con la vista lo que hace la* EMPLEADA. *Ésta ahora se ha sentado y se mira detenidamente las uñas.*   40

◆ ◆ ◆

14. No sea tan de rulo. (fig.) *Don't be afraid of the water. (This Chilean expression means 'a sterile piece of land,' 'a waterless area.')*

Sergio Vodanović

LA SEÑORA: ¿Por qué te miras las uñas?
LA EMPLEADA: Tengo que arreglármelas.
LA SEÑORA: Nunca te había visto antes mirarte las uñas.
LA EMPLEADA: No se me había ocurrido.
5   LA SEÑORA: Este delantal acalora.
LA EMPLEADA: Son los mejores y los más durables.
LA SEÑORA: Lo sé. Yo los compré.
LA EMPLEADA: Le queda bien.
LA SEÑORA: *(Divertida.)* Y tú no te ves nada de mal con esa tenida.[15] *(Se*
10   *ríe.)* Cualquiera se equivocaría. Más de un jovencito te podría hacer la
corte... ¡Sería como para contarlo![16]
LA EMPLEADA: Alvarito se está metiendo muy adentro. Vaya a vigilarlo.
LA SEÑORA: *(Se levanta inmediatamente y se adelanta.)* ¡Alvarito! ¡Alvarito!
No se vaya tan adentro... Puede venir una ola. *(Recapacita de pronto y se*
15   *vuelve desconcertada hacia la* EMPLEADA.*)*
LA SEÑORA: ¿Por qué no fuiste tú?
LA EMPLEADA: ¿Adónde?
LA SEÑORA: ¿Por qué me dijiste que yo fuera a vigilar a Alvarito?
LA EMPLEADA: *(Con naturalidad.)* Ud. lleva el delantal blanco.
20   LA SEÑORA: Te gusta el juego, ¿ah?

Una pelota de goma, impulsado por un niño que juega cerca, ha caído a los pies
de la EMPLEADA. *Ella la mira y no hace ningún movimiento. Luego mira a la*
SEÑORA. *Ésta, instintivamente, se dirige a la pelota y la tira en la dirección en que*
25   *vino. La* EMPLEADA *busca en la bolsa de playa de la* SEÑORA *y se pone sus anteojos*
para el sol.

LA SEÑORA: *(Molesta.)* ¿Quién te ha autorizado para que uses mis anteojos?
LA EMPLEADA: ¿Cómo se ve la playa vestida con un delantal blanco?
30   LA SEÑORA: Es gracioso. ¿Y tú? ¿Cómo ves la playa ahora?
LA EMPLEADA: Es gracioso.
LA SEÑORA: *(Molesta.)* ¿Dónde está la gracia?
LA EMPLEADA: En que no hay diferencia.
LA SEÑORA: ¿Cómo?
35   LA EMPLEADA: Ud. con el delantal blanco es la empleada; yo con este
blusón y los anteojos oscuros soy la señora.
LA SEÑORA: ¿Cómo?... ¿Cómo te atreves a decir eso?
LA EMPLEADA: ¿Se habría molestado en recoger la pelota si no estuviese
vestida de empleada?
40   LA SEÑORA: Estamos jugando.
LA EMPLEADA: ¿Cuándo?

◆ ◆ ◆

15. tú... tenida *you don't look bad at all in that outfit.*   16. ¡Sería... contarlo! *It*
would be worth seeing.

LA SEÑORA: Ahora.
LA EMPLEADA: ¿Y antes?
LA SEÑORA: ¿Antes?
LA EMPLEADA: Sí. Cuando yo estaba vestida de empleada...
LA SEÑORA: Eso no es juego. Es la realidad.   5
LA EMPLEADA: ¿Por qué?
LA SEÑORA: Porque sí.
LA EMPLEADA: Un juego... un juego más largo... como el «paco-ladrón».[17]
A unos les corresponde ser «pacos», a otros «ladrones».
LA SEÑORA: *(Indignada.)* ¡Ud. se está insolentando!   10
LA EMPLEADA: ¡No me grites! ¡La insolente eres tú!
LA SEÑORA: ¿Qué significa eso? ¿Ud. me está tuteando?
LA EMPLEADA: ¿Y acaso tú no me tratas de tú?
LA SEÑORA: ¿Yo?
LA EMPLEADA: Sí.   15
LA SEÑORA: ¡Basta ya! ¡Se acabó este juego!
LA EMPLEADA: ¡A mí me gusta!
LA SEÑORA: ¡Se acabó! *(Se acerca violentamente a la EMPLEADA.)*
LA EMPLEADA: *(Firme.)* ¡Retírese!
                                                                              20

La SEÑORA se detiene sorprendida.

LA SEÑORA: ¿Te has vuelto loca?
LA EMPLEADA: Me he vuelto señora.
LA SEÑORA: Te puedo despedir en cualquier momento.   25
LA EMPLEADA: *(Explota en grandes carcajadas, como si lo que hubiera oído
fuera el chiste más gracioso que jamás ha escuchado.)*
LA SEÑORA: ¿Pero de qué te ríes?
LA EMPLEADA: *(Sin dejar de reír.)* ¡Es tan ridículo!
LA SEÑORA: ¿Qué es tan ridículo?   30
LA EMPLEADA: Que me despida... ¡Vestida así! ¿Dónde se ha visto a una
empleada despedir a su patrona?
LA SEÑORA: ¡Sácate esos anteojos! ¡Sácate el blusón! ¡Son míos!
LA EMPLEADA: ¡Vaya a ver al niño!
LA SEÑORA: Se acabó el juego, te he dicho. O me devuelves mis cosas o te   35
las saco.
LA EMPLEADA: ¡Cuidado! No estamos solas en la playa.
LA SEÑORA: ¿Y qué hay con eso? ¿Crees que por estar vestida con un
uniforme blanco no van a reconocer quién es la empleada y quién la
señora?   40
LA EMPLEADA: *(Serena.)* No me levante la voz.

◆ ◆ ◆

17. paco-ladrón *cops and robbers*

La SEÑORA *exasperada se lanza sobre la* EMPLEADA *y trata de sacarle el blusón a viva fuerza.*[18]

LA SEÑORA: *(Mientras forcejea.)* ¡China! ¡Ya te voy a enseñar quíen soy!
5   ¿Qué te has creído? ¡Te voy a meter presa!

Un grupo de bañistas han acudido al ver la riña. Dos JÓVENES, *una* MUCHACHA *y un* SEÑOR *de edad madura y de apariencia muy distinguida. Antes que puedan intervenir la* EMPLEADA *ya ha dominado la situación manteniendo bien sujeta a la*
10 SEÑORA *contra la arena. Ésta sigue gritando ad libitum*[19] *expresiones como: «rota cochina»*[20]*... «ya te la vas a ver con mi marido»*[21]*... «te voy a mandar presa»... «esto es el colmo», etc., etc.*

UN JOVEN: ¿Qué sucede?
15 EL OTRO JOVEN: ¿Es un ataque?
LA JOVENCITA: Se volvió loca.
UN JOVEN: Puede que sea efecto de una insolación.
EL OTRO JOVEN: ¿Podemos ayudarla?
LA EMPLEADA: Sí. Por favor. Llévensela. Hay una posta por aquí cerca…
20 EL OTRO JOVEN: Yo soy estudiante de Medicina. Le pondremos una inyección para que se duerma por un buen tiempo.
LA SEÑORA: ¡Imbéciles! ¡Yo soy la patrona! Me llamo Patricia Hurtado, mi marido es Álvaro Jiménez, el político…
LA JOVENCITA: *(Riéndose.)* Cree ser la señora.
25 UN JOVEN: Está loca.
EL OTRO JOVEN: Un ataque de histeria.
UN JOVEN: Llevémosla.
LA EMPLEADA: Yo no los acompaño… Tengo que cuidar a mi hijito… Está ahí, bañándose…
30 LA SEÑORA: ¡Es una mentirosa! ¡Nos cambiamos de vestido sólo por jugar! ¡Ni siquiera tiene traje de baño! ¡Debajo del blusón está en calzones! ¡Mírenla!
EL OTRO JOVEN: *(Haciéndole un gesto al* JOVEN.*)* ¡Vamos! Tú la tomas por los pies y yo por los brazos.
35 LA JOVENCITA: ¡Qué risa! ¡Dice que está en calzones!

Los dos JÓVENES *toman a la* SEÑORA *y se la llevan, mientras ésta se resiste y sigue gritando.*

◆ ◆ ◆

18. a viva fuerza *by sheer strength*   19. ad libitum (Lat.) *freely*   20. «rota cochina» *obscenity (derogatory toward women)*   21. «ya… marido» *you'll have to answer to my husband for this.*

LA SEÑORA: ¡Suéltenme! ¡Yo no estoy loca! ¡Es ella! ¡Llamen a Alvarito! ¡Él me reconocerá!

Mutis de los dos JÓVENES llevando en peso[22] *a la* SEÑORA. *La* EMPLEADA *se tiende sobre la arena, como si nada hubiera sucedido, aprontándose para un prolongado* 5
baño de sol.

EL CABALLERO DISTINGUIDO: ¿Está Ud. bien, señora? ¿Puedo serle útil en algo?
LA EMPLEADA: *(Mira inspectivamente al* SEÑOR DISTINGUIDO *y sonríe con ama-* 10
bilidad.) Gracias. Estoy bien.
EL CABALLERO DISTINGUIDO: Es el símbolo de nuestro tiempo. Nadie parece darse cuenta, pero a cada rato, en cada momento sucede algo así.
LA EMPLEADA: ¿Qué?
EL CABALLERO DISTINGUIDO: La subversión del orden establecido. Los 15
viejos quieren ser jóvenes; los jóvenes quieren ser viejos; los pobres quieren ser ricos y los ricos quieren ser pobres. Sí, señora. Asómbrese Ud. También hay ricos que quieren ser pobres. Mi nuera va todas las tardes a tejer con mujeres de poblaciones callampas.[23] ¡Y le gusta hacer-lo! *(Transición)* ¿Hace mucho tiempo que está con Ud.? 20
LA EMPLEADA: ¿Quién?
EL CABALLERO DISTINGUIDO: *(Haciendo un gesto hacia la dirección en que llevaron a la* SEÑORA.*)* Su empleada.
LA EMPLEADA: *(Dudando. Haciendo memoria.)*[24] Poco más de un año.
EL CABALLERO DISTINGUIDO: ¡Y así le paga a Ud.! ¡Queriéndose hacer pa-* 25
sar por una señora! ¡Como si no se reconociera a primera vista quién es quién! *(Transición.)* ¿Sabe Ud. por qué suceden estas cosas?
LA EMPLEADA: ¿Por qué?
EL CABALLERO DISTINGUIDO: *(Con aire misterioso.)* El comunismo...
LA EMPLEADA: ¡Ah! 30
EL CABALLERO DISTINGUIDO: *(Tranquilizador.)* Pero no nos inquietemos.[25] El orden está restablecido. Al final, siempre el orden se restablece...Es un hecho...Sobre eso no hay discusión...*(Transición.)* Ahora, con per-miso, señora. Voy a hacer mi footing diario.[26] Es muy conveniente para mi edad. Para la circulación, ¿sabe? Y Ud. quede tranquila. El sol es el 35
mejor sedante. *(Ceremoniosamente.)* A sus órdenes, señora. *(Inicia el mutis. Se vuelve.)* Y no sea muy dura con su empleada, después que se haya tranquilizado... Después de todo... Tal vez tengamos algo de

◆ ◆ ◆

22. llevando en peso *carrying off bodily*   23. poblaciones callampas *extensive urban slums*   24. Haciendo memoria *Pretending to try to remember*   25. no nos inquietemos *let's not worry.*   26. Voy... diario. *I'm going to take my daily walk.*

culpa nosotros mismos... ¿Quién puede decirlo? *(El CABALLERO DISTIN-GUIDO hace mutis.)*

La EMPLEADA cambia de posición. Se tiende de espaldas para recibir el sol en la
5 *cara. De pronto se acuerda de Alvarito. Mira hacia donde él está.*

LA EMPLEADA: ¡Alvarito! ¡Cuidado con sentarse en esa roca! Se puede hacer una nana en el pie[27]...Eso es, corra por la arenita... Eso es, mi hijito... *(Y mientras la EMPLEADA mira con ternura y delectación maternal cómo Alvarito juega a la orilla del mar se cierra lentamente el Telón.)*

Reprinted by permission of the author.

Ejercicios

a. preguntas

1. ¿Cómo describe el dramaturgo a las dos mujeres?
2. ¿Cómo es la actitud de la Empleada en la primera parte del drama?
3. ¿Qué clase de revista tiene la Empleada consigo?
4. ¿Por qué le gusta a la Señora venir a la playa con la Empleada?
5. Según la Señora, ¿cuál es, en el fondo, la diferencia entre ella y la Empleada?
6. ¿Cuál es la reacción de la Señora cuando se entera de que la Empleada y sus amigos antes arrendaban trajes de baño?
7. ¿Por qué quiere la Señora que la Empleada le preste su delantal?
8. ¿En qué difiere el aspecto de la Empleada cuando sale de la carpa con el blusón?
9. ¿Qué hace la Señora cuando la Empleada le dice que vaya a vigilar a Alvarito?
10. Según la Empleada, ¿cómo ve ella la playa ahora, y por qué?
11. ¿A qué propósito menciona la Empleada el juego «paco ladrón»?
12. ¿Qué ocurre cuando la Señora dice que el juego se ha acabado?

◆ ◆ ◆

27. Se puede... pie *You can hurt your foot.*

13. ¿Qué creen las personas que acuden a la riña entre la Empleada y la Señora?
14. ¿De qué le habla a la Empleada el caballero distinguido?
15. ¿Qué debemos creer al final del drama cuando la Empleada lo llama a Alvarito su hijito, y lo mira con ternura y delectación maternal?

b. temas

1. La personalidad de la Señora.
2. La personalidad de la Empleada.
3. La transformación que se nota en las dos mujeres después de cambiarse de ropa.
4. La relación entre la historia que lee la Empleada en su revista y lo que pasa en el drama.
5. La ironía que se encuentra en el último parlamento del caballero distinguido.
6. La función dramática del hijo en la obra.
7. Juego y realidad en el drama.
8. *El delantal blanco* como obra de comentario social.

◆ ◆ ◆

c. puestas en escena

1. Junto con otro estudiante, escriba y presente ante la clase un breve epílogo dialogado a *El delantal blanco*, conjeturando sobre lo que les pasó a la Empleada, la Señora, y tal vez otros de los personajes después del final de la obra.
2. Con otro compañero, escriba y presente una breve escena que podría tener lugar entre la Señora y su marido, cuando éste viene a visitarla el próximo fin de semana.

Los fantoches

◆ ─────────────*Carlos Solórzano*

*B*orn in San Carlos, Guatemala, in 1922, Carlos Solórzano is identified with the theater in Mexico, where he has lived since 1939. He holds a doctorate in literature from the National Autonomous University of Mexico, and studied drama in Paris from 1948 to 1951. Solórzano has been director of the professional University Theater in Mexico and of the National Theater Museum, professor of drama and Spanish American literature and chairman of graduate literature programs at the university, and has held a number of important administrative positions in governmental theater programs. Although he has written few plays in recent years, he has published two novels, *Los falsos demonios* and *Las celdas*, as well as two books on Latin American theater and three anthologies. Solórzano's theater, deeply influenced by existentialism and its preoccupation with the nature and extent of human freedom, is firmly opposed to all those forces which work to restrict our liberty. Solórzano's works function on various levels. Some readers disregard political or religious interpretations and see them as psychoanalytical parables of the emancipation of the individual unconscious.

One of the principal characteristics of Solórzano's theater is the use of popular and folk rituals, frequently within a religious context. *Los fantoches* (1958) is based on a popular Mexican custom known as the *quema de Judas* that is associated with Easter. It consists of the burning of fireworks attached to puppets representing allegorical figures, particularly Judas and the Devil. It is fairly common to find this custom extended to other uses, such as elections or political demonstrations in which the puppets represent the opposition. This use of popular ritual harks back to the origins of theater, and is never far from the surface in any really significant play. At the same time, it marks a trend in recent Latin American theater: the use of popular and folk ritual to express the meanings and sometimes the paradoxes of the lives of those who exist outside the larger cities or the official socioeconomic and cultural structures.

Solórzano uses the *quema de Judas* as a framework for questions concerning the real meaning of our presence in the world and our relationship with God. The puppets' stylized costumes and specialized characteristics of dress and manner are clearly meant as symbols, standing for something besides their obvious function. We must ask why these specific figures have been chosen, what they represent, and whether they have a more abstract meaning.

Another important aspect of Solórzano's theater is the inversion of meaning and of dramatic stucture. The author takes widely-held beliefs and turns them inside out so that they mean the opposite of what is usually associated with them and, at the same time, criticize those traditional values. *Los fantoches* completely reverses the traditional image of an omnipotent and omniscient God. The play raises, but does not answer, a number of philosophical questions: What is the real nature of divine presence? How free are we really? Are we responsible for our own freedom or slavery, or are they imposed on us by outside forces? *Los fantoches* forces the reader to ask what each of us really means when we speak of God and how we see our fellow beings.

1. What is a symbol, and what symbols do we see in *Los fantoches*?
2. Are the characters in the play driven by individual motivations, or are they types that represent one aspect or kind of behaviour?

Carlos Solórzano

Los fantoches
MIMODRAMA PARA MARIONETAS

5

personajes

El Viejo que hace a los muñecos
Su hija, Niña

los fantoches

10

La Mujer, que ama
El Joven, que trabaja
El Artista, que sueña
El Cabezón, que piensa
15 El Viejito, que cuenta
El Judas, que calla

Lugar: Este mundo cerrado.

20

DECORADO
*Un almacén en que se guardan muñecos de "carrizo"[1] y papel pintado en el
estilo popular. Se ven por todas partes figuras grotescas y coloridas. Una sola
pequeña ventana en lo alto de uno de los muros grisáceos. Una pequeña puerta.*
25 *Al correrse el telón está la escena en penumbra, luego entra por la ventanilla
un rayo de luz que va aumentando y entonces se ve a los fantoches en posturas
rígidas que recuerdan las del sueño. Al hacerse la luz total[2] se van incorporando
uno tras otro con movimientos de pantomima. Este movimiento se alternará, a
juicio del director, con movimientos reales y otros rítmicos según la ocasión.*

30

ACLARACIÓN AL LECTOR EXTRANJERO
*Esta obra tiene su origen en la costumbre mexicana de la «Quema del Judas».
El sábado de Gloria,[3] consumada la Pasión de Cristo, el pueblo da salida a su
deseo de venganza, todos los años, quemando en las calles públicamente, unos
35 muñecos gigantescos hechos en bambú y papel pintado a los que se ata una cadena de petardos en las coyunturas y a lo largo de todo el cuerpo, con lo cual se cas-
tiga, simbólicamente, al traidor más grande de la Humanidad.*
*Los muñecos han ido cambiando poco a poco y adoptando diferentes formas de
hombres y mujeres que representan a los personajes más populares del momento,
40 en la política, el cinematógrafo, etc., pero subsisten otros tradicionales en el arte
popular como el Diablo y la Muerte.*

◆ ◆ ◆

1. muñecos de «carrizo» *puppets made of reeds* 2. Al... total *When the lights
are fully on* 3. sábado de Gloria *Easter Saturday*

En «*Los fantoches*» *se ha elegido una serie de muñecos, especialmente significativos para el gusto del Autor, para hacerse representar con ellos un drama contemporáneo, de la misma manera que algunos pintores mexicanos han hecho la trasposición de «Los Judas» a las artes plásticas para sugerir con ellos la existencia de un mundo que, tras su brillante colorido aparente, encierra un fondo desgarrado y cruel.* 5

Los personajes vestidos todos con mallas coloridas de manera caprichosa, tendrán la cara pintada del mismo color del vestido y representarán «tipos» conocidos dentro de la tradición de los muñecos de arte popular de la manera siguiente:

10

EL JOVEN: *Representa un atleta con grandes músculos, la cara rubicunda y el andar fanfarrón. Grandes ruedas rojas en las mejillas. Pelo brillante hecho con piel de conejo teñida de negro. Lleva un tambor colgado del cuello.*

EL VIEJITO: *Figura muy conocida, representa un anciano jorobado, de cara picaresca y andar defectuoso. Pelo y barbas hechos con piel de borrego.* 15

LA MUJER: *Vestido blanco, en el que son muy visibles «los picos» del bambú. Es «la muñeca del arte popular».*[4] *Ojos muy grandes, enormes pestañas y las mejillas muy rojas. Pelo rojizo que cae en cascada.*

EL ARTISTA: *Representa un «joven romántico». Traje a rayas, patillas y bigote con grandes puntas y gran corbata. Una gorra negra.* 20

EL CABEZÓN: *Es una de las figuras más conocidas en el arte popular: Gran cabeza de calabaza hecha de cartón por la que asoma una cara pintada del mismo color que la calabaza. Vestido con hojas. Andar inestable a causa del gran peso de la cabeza.*

EL JUDAS: *Cara y vestido verdes con dos grandes serpientes en los brazos, «las* 25 *sierpes de la maldad», en cuyas cabezas centellean los ojos cobrizos.*

EL VIEJO QUE HACE LOS MUÑECOS: *Representa la figura de un anciano con hábito monacal blanco hasta el suelo. Gran barba y peluca larga hecha de fibra blanca.*

LA NIÑA, SU HIJA: *Representa una «muerte catrina»*[5] *vestida de niña, blanco,* 30

◆ ◆ ◆

4. «la muñeca del arte popular» *The Woman represents a widespread popular art form in which figures of women made of strips of bamboo or other fibers are represented in typical regional costume. Since* muñeca *may also have the colloquial meaning of "pretty," the dangerous bamboo strips are an ironic comment on woman's role.*
5. «muerte catrina» *Mexican popular art makes great use of skeletons, death's heads, and similar figures, many of which seem to date back to the pre-Conquest civilizations of the fifteenth century and earlier. These figures are often dressed in "typical" costume. Among the most common of these are the skeletons in* vaquero *or cowboy garb, and those dressed in sophisticated city clothing of the nineteenth century. Since* catrín *was a slang term roughly equivalent to our Western "dude" or "city slicker," the skeleton dressed in such costume is known as a* muerte catrina.

con volantes y encajes. Gorra, medias y zapatitos blancos. Máscara de la «Muerte sonriente».[6]

    Durante la representación irá cambiando la luz solar hasta hacerse brillante
5 *y luego convertirse en luz de tarde para terminarse en luz azul de luna. Todos los fantoches llevan pintados un cartucho en el pecho y las ramificaciones en el cuerpo como un sistema circulatorio visible.*

    EL JOVEN: *(Incorporándose)* Ya es de día.
10 EL VIEJITO: Uno más. *(Se moverá siempre como si le dolieran las articulaciones.)*
    EL JOVEN: Es un hermoso día.
    EL VIEJITO: Dices siempre lo mismo al despertar.
    EL JOVEN: No hay que perder el tiempo. A trabajar. *(Se sienta y se apodera*
15 *de un tambor. Con este tambor, a veces sonoro, a veces sordo, expresará el latido del corazón y la naturaleza de sus emociones.)*
    LA MUJER: Ah... ya empezaste a trabajar... Hagan que se calle. *(El* JOVEN *la ve embelesado mientras baja el ruido del tambor. La* MUJER *se despereza con voluptuosidad.)* Qué sueños tan acariciadores.[7]
20 EL JOVEN: *(Hosco.)* Deberías trabajar tú también.
    EL ARTISTA: Sí... pero en algo bello, algo artístico, como yo...
    EL JOVEN: Ja... Ja... *(Golpea fuerte.)*

    Comienza el golpeteo sonoro.
25
    LA MUJER: ¿Qué haces?
    EL ARTISTA: Estoy cambiando estas rayas color de rosa, que el viejo me ha pintado, por otras color violeta.
    LA MUJER: *(Coqueta.)* Me gusta lo que haces; pero ¿no hacías lo mismo
30 ayer?
    EL ARTISTA: No, ayer cambié las rayas violeta por otras color de rosa.
    LA MUJER: *(Con admiración ingenua.)* Debe de ser difícil.
    EL JOVEN: *(Golpeando.)* Es absurdo.
    EL ARTISTA: Pero es bello. Tú no eres artista. No puedes saber...
35 EL VIEJITO: ¿Quieres callarte con ese maldito ruido? Vas a volvernos locos
    —qué tonto es—.
    EL JOVEN: Sí. *(Con ira.)* Ya sé lo que piensan de mí...: Un burro de carga...
    (Golpea aún más fuerte.)
    LA MUJER: ¿Por qué te enojas?... ¿Sabes?... Tienes un pelo que me gusta.
40 Tú eres el único a quien el viejo *(señala para fuera)* ha puesto un pelo tan brillante.

◆ ◆ ◆

6. «Muerte sonriente» *smiling death's head*   7. Qué... acariciadores *What caressing dreams!*

EL JOVEN: *(Arrobado, suspende el trabajo.)* ¿Te parece?
LA MUJER: Me gusta el pelo brillante.
EL ARTISTA: Cualquier pelo puede ser brillante si lo pintas de negro...
EL VIEJITO: Eso se dice a tus años.
EL ARTISTA: Yo con el arte puedo hacer que parezca lo que no es.   5
EL VIEJITO: Tú eres un fanfarrón.
EL ARTISTA: ¿Cómo te atreves? *(Se lanza contra el VIEJITO pero la MUJER se interpone y los separa.)*
EL VIEJITO: Ay... Ay...
LA MUJER: ¿Qué pasa?   10
EL VIEJITO: Me has lastimado con uno de los picos de tu vestido. *(Al JOVEN.)* ¿Quieres callarte tú, imbécil?
LA MUJER: Déjalo... *(Al CABEZÓN que está sentado con la cabeza entre las manos.)* Y tú ¿qué haces?
EL CABEZÓN: Pienso; para algo me ha hecho el viejo esta cabeza tan   15
grande.
LA MUJER: *(Coqueta.)* Me gustan las cabezas grandes.
EL CABEZÓN: *(Al principio la ve arrobado, luego se endurece.)* No; debo pensar todo el día.
LA MUJER: *(Desilusionada.)* ¿Para qué?   20
EL CABEZÓN: Para saber.
LA MUJER: Saber ¿qué?
EL CABEZÓN: Lo que se puede deducir... Por ejemplo; cómo llegar a esa ventana, cómo alcanzar la luz.
LA MUJER: Me gusta esta penumbra.   25
EL CABEZÓN: *(Burlón.)* A ti, todo te gusta.
LA MUJER: No... no soy tan tonta... A veces también me aburro.
EL CABEZÓN: ¿Por qué no tratas de pensar?
LA MUJER: No puedo... Mira qué cabeza tan pequeña me ha puesto el viejo... *(Al ARTISTA.)* Tal vez tú puedas ayudarme.   30
EL ARTISTA: ¿A qué?
LA MUJER: A suprimir estos picos de mi vestido. Me separan de todo... Te daré un beso. *(Se acerca al ARTISTA.)*
EL ARTISTA: *(Gritando.)* Ay... Ay... Me has pinchado.
LA MUJER: *(Riéndose.)* Es divertido. Así no me aburro... ¿Y tú, viejito?   35

El VIEJO cuenta con movimiento mecánico unos papeles que tiene en la mano.

EL CABEZÓN: *(Poniéndose de pie increpa al VIEJO.)* No me deja pensar por estar contando esos papeles. Todo el día haces lo mismo... Es estúpido.   40
LA MUJER: *(Con simpatía.)* ¿Tienes muchos?
EL CABEZÓN: Claro... Como lleva mucho tiempo encerrado aquí, ha ido juntando esos papeles de colores que son restos de los materiales con que el viejo nos hizo.

Carlos Solórzano

EL VIEJITO: ¿Y qué?... No molesto a nadie...

EL CABEZÓN: No puedes pasarte todo el tiempo contando.

EL JOVEN: Déjalo... Métete en tus asuntos. *(Golpea fuerte.)*

EL CABEZÓN: *(Cubriéndose los oídos.)* ¿Quién puede pensar en nada cuan-
5   do se está rodeado de idiotas...?

EL JOVEN: Ya estoy harto de eso... Te voy a romper esa cabezota... *(Se
abalanza contra él pero tropieza y cae de bruces. Todos ríen...)*

EL CABEZÓN: ¡Idiotas!

LA MUJER: No se peleen... ¿Es mucho pedir que podamos vivir en paz?
10   *(Al VIEJO.)* ¿Y ese papel rojo?

EL VIEJITO: *(Enseñándole.)* Es resto del material con que el viejo hizo un
diablo. Sólo tengo tres. Son muy valiosos.

EL ARTISTA: A mí me gustan sólo los rosas y los violetas.[8]

EL VIEJITO: No valen nada... Hay muchos...
15

*De pronto, otra figura que estaba en la penumbra se pone de pie con movimientos
angustiosos y contorsionados. Es JUDAS. Siempre estará de espaldas al público.
Los fantoches lo ven asombrados.*

20 LA MUJER: Se ha levantado.

EL JOVEN: *(Golpeando.)* Siempre se levanta tarde... Es un holgazán...

LA MUJER: Hoy me parece más alto que otros días.

EL VIEJITO: *(Contando.)* Es igual que siempre. Te gusta engañarte a ti
misma.

25 LA MUJER: Bueno... Es como si no supiera algo de lo que pasa aquí... Me
hago la ilusión de que hay algo nuevo que descubrir.

EL VIEJITO: Nunca hay nada nuevo en ninguna parte. *(Comienza a contar,
ahora en voz alta.)* Uno, dos, tres...

EL CABEZÓN: *(Dando un violento manotazo.)* Ah, no... En voz alta no...
30

El VIEJO sigue contando en voz alta.

LA MUJER: Hoy sé algo nuevo de él. *(Señala a JUDAS.)* Sé que tiene un
nombre.

35 EL VIEJITO: *(Distraído.)* ¿Un nombre?

LA MUJER: Sí. Ayer oí a la niña decirlo. Se llama Judas.

EL VIEJITO: ¿Judas?

EL JOVEN: *(Tirando violentamente del brazo de la MUJER.)* ¿Te gusta? di ¿te
gusta?

40 LA MUJER: *(Contenta.)* ¿Estás celoso?... Me gustan las dos serpientes de
oro que el viejo le puso en los brazos. Quisiera verle la cara. *(Al JOVEN,*

◆ ◆ ◆

8. los rosas y los violetas: los papeles color de rosa y de violeta

provocativa.) ¿Crees que es guapo?

EL JOVEN: *(Brutal.)* No tengo tiempo para pensar en eso. Tengo que trabajar. *(Vuelve a su lugar y sigue el golpeteo silencioso.)*

EL VIEJITO: Dicen que hizo algo malo.

LA MUJER: No lo creo... Tiene un cuerpo hermoso... Además, si fuera   5
malo, el viejo no lo habría puesto aquí, encerrado con nosotros.

EL CABEZÓN: A lo mejor, el viejo es malo también.

LA MUJER: ¿Cómo puede ser malo si nos ha hecho a imagen y semejanza
suya?

EL CABEZÓN: Tenemos cabeza y piernas y brazos como él, pero no somos   10
iguales.

EL VIEJITO: Es que él es ciego... nos hace al tacto. No sabe cómo es él, ni
cómo somos nosotros... *(A la MUJER.)* ¿O tú crees que alguno aquí es
perfecto, tú con ese vestido lleno de picos... ?

LA MUJER: Cállate. No todo es tan feo aquí... Estamos juntos, podemos   15
hablar, caminar. Estamos viviendo el tiempo. ¿Qué más quieres?

EL CABEZÓN: Lo que nunca he podido comprender es por qué nos tiene
encerrados.

EL JOVEN: Ya nos tocará nuestro turno de salir.

LA MUJER: Sí, como los que se fueron ayer, y antier y todos los días.   20

EL JOVEN: ¿A dónde habrán ido?

EL ARTISTA: A distintos lugares... A la libertad.

LA MUJER: ¿La libertad? ¿Qué es eso?

EL ARTISTA: No lo sé bien... Algo que está fuera de aquí; algo azul y brillante, una meseta elevada, o la cresta más alta en el oleaje del mar.   25

LA MUJER: Me gustaría ir ahí... A la libertad...

EL JOVEN: ¿Para qué?

LA MUJER: Pues... para alcanzar algo que no tengo. *(Se palpa el pecho.)* De
pronto he sentido como si esto me pesara más.

EL VIEJITO: No te preocupes. El viejo nos ha puesto a todos la misma cantidad de polvo negro y un cartucho del mismo tamaño.   30

EL CABEZÓN: Creo que ese cartucho es lo que nos atormenta.

LA MUJER: Quizás. Me has puesto triste.

EL CABEZÓN: Bah... Todos los días te levantas muy alegre, te entristeces
otro rato y luego cantas. Todos los días igual.   35

LA MUJER: Es cierto. Resulta monótono. ¿No?

EL JOVEN: Lo monótono es la felicidad.

EL VIEJITO: Sólo así se llega a viejo.

EL ARTISTA: Lo que ustedes no saben es que el polvo que llena el cartucho
tiene un nombre.   40

TODOS: ¿Un nombre?

EL ARTISTA: Sí. Lo vi ayer... En la caja que traía el viejo decía... Pólvora,
explosivo.

EL CABEZÓN: *(Se pone de pie violentamente.)* Explosivo. Eso es... Es lo que

se siente... algo que va a estallar...
EL VIEJITO: *(Poniéndose también de pie.)* Yo no siento eso... A mí me duelen las coyunturas. Sobre todo las de las manos.
EL CABEZÓN: *(Irónico.)* Es de tanto contar. ¡Explosivo!... Sí... algo que va a
5   estallar aquí y aquí y aquí. *(Se palpa los lugares en que tiene los cartuchos.)*
LA MUJER: Basta.
EL JOVEN: *(Al CABEZÓN.)* Idiota. ¿No ves que la asustas?
EL CABEZÓN: *(Sentándose.)* Yo también me asusté...

10   *Silencio. De pronto JUDAS comienza una pantomima de angustia, siempre de espaldas.*

LA MUJER: ¿Qué hace?
EL VIEJITO: Se tortura.
15   LA MUJER: ¿Por qué?
EL VIEJITO: Por remordimientos...

Mientras JUDAS hace su pantomima, el VIEJO cuenta en voz alta, el JOVEN martillea fuertemente, el ARTISTA se pasea viendo al cielo[9] con actitud de ensueño, el
20   *CABEZÓN con la cabeza entre las manos se revuelve frenético en su asiento, la MUJER en mitad de la escena ve al vacío como en éxtasis. De pronto cesa el movimiento de espasmo y todo vuelve a la normalidad.*

LA MUJER: *(Al VIEJITO)* ¿Tú crees que volverán?
25   EL VIEJITO: ¿Quiénes?
LA MUJER: Los que se fueron.
EL ARTISTA: Si están libres, ¿a qué han de volver?
EL VIEJITO: Llevo aquí mucho tiempo oyéndoles decir, cuando se marchaban, que habrían de volver algún día, pero no, aquí nadie vuelve, el
30   que se va, no vuelve jamás.

Se oyen pasos afuera y luego la risa de la NIÑA.

LA MUJER: Es el viejo barbudo...
35   EL VIEJITO: Viene con la niña, con su hija...
LA MUJER: Ah... Siempre que ella viene alguien se va... Tal vez me toque ahora mi turno para ir a la libertad.
EL JOVEN: O a mí...
EL ARTISTA: O a mí...
40   EL VIEJITO: Sería justo que me sacaran a mí. Llevo aquí encerrado tanto tiempo.

◆ ◆ ◆

9. viendo al cielo *looking up*

Los fantoches quedan estáticos en actitud de ofrecerse. Se descorre el cerrojo, la puerta se abre y entra el VIEJO BARBUDO *llevado de la mano por la* NIÑA, *vestida de blanco, que entra dando saltitos.*

LA NIÑA: Me gustan estos fantoches... Si no fuera por ellos, ¿qué haría   5
yo? La luz no es buena aquí.
EL VIEJITO: *(Mueve la cabeza con una sonrisa ausente.)* Jo. Jo. Jo.
LA NIÑA: Pero no importa. Los escojo al azar. *(Se pasea delante de los fantoches. De pronto en medio de una risa loca se pone a girar y en el lugar donde suspende su giro señala...)* Éste.   10
EL VIEJITO: *(Que ha esperado con los ojos cerrados.)* ¿Quién es?
LA NIÑA: Resultó ser el Judas... Me gusta este Judas... vamos... es tu turno. *(Lo empuja. El* JUDAS *inicia una marcha torpe, como si protestara, en una breve pantomima trata de increpar a los otros que lo ven asombrados.)* Ya les tocará a ellos también... *(La* NIÑA *lo empuja violentamente, el* JUDAS *sale*   15
girando como perdido en el aire, detrás de él la NIÑA, *llevando de la mano al* VIEJO BARBUDO *que anda con torpeza.)*

Se cierra la puerta tras ellos. Los fantoches vuelven a sus posturas normales.
20
LA MUJER: *(Triste.)* Se lo llevaron a él... Le ví la cara. Era guapo...
EL ARTISTA: *(Airado.)* ¿Por qué le dan la libertad a Judas? Era un traidor.
EL JOVEN: ¿Traidor?
EL ARTISTA: Sí, entregó a alguien, por algo que le dieron. No conozco bien la historia.   25
EL JOVEN: Siempre estuvo aquí.
EL VIEJITO: No. Era otro como él... Pero no era el mismo. Mañana, el viejo le pondrá el cartucho explosivo a otro igual. Nunca ha faltado aquí un Judas. Siempre está de espaldas, sin hablar.
LA MUJER: Somos menos ahora.   30
EL JOVEN: Es triste.
EL ARTISTA: Triste y monótono.
EL VIEJITO: No es importante. Nada es importante.
EL CABEZÓN: Mira... por la ventana...
EL VIEJITO: *(Indiferente.)* ¿Qué?   35
EL CABEZÓN: Me parece que están colgando a Judas... Es la niña la que lo cuelga de una cuerda.
EL VIEJITO: No veo nada. Ni me importa.
LA MUJER: Ni yo veo. *(Se para en puntas.)*
EL ARTISTA: *(Al* CABEZÓN.) Préstame tus hombros... Me subiré sobre de ti y   40
veré... Les contaré lo que pasa...
EL JOVEN: Yo quiero ver...

EL CABEZÓN: *(Lo hace a un lado[10] violentamente.)* Soy yo el que debe ver. Vamos... Ayúdenme.

5 El JOVEN, el ARTISTA y el CABEZÓN *se suben uno en los hombros del otro. El* CABEZÓN *ve por la ventana.*

EL JOVEN: ¿Ves algo?

EL CABEZÓN: Sí, Judas cuelga... la niña le acerca una cosa encendida... ¿qué va a pasar? *(De pronto se oye un violento estallido de cohetes acom-*
10 *pañado de la risa de la* NIÑA *y de un grito estridente del* CABEZÓN *)* No...

Caen los fantoches al suelo arrastrando los papeles del VIEJITO.

EL VIEJITO: Imbéciles... Mira lo que han hecho con mis papeles... *(Se incli-*
15 *na a recogerlos.)*

EL CABEZÓN: *(Balbuciendo.)* ¿Qué pueden... importar... tus papeles... ante lo que... ha pasado?

TODOS: ¿Qué ha pasado?

EL CABEZÓN: La niña... acercó la cosa encendida al pecho... al cartucho.
20 *(Todos se llevan la mano al pecho.)* Y de pronto... se hizo una luz más fuerte que la luz del día... Un río de fuego recorrió el cuerpo de Judas dejándole al descubierto los ejes que lo sostenían... Luego, una sacudida violenta...

TODOS: ¿Y después?

25 EL CABEZÓN: *(Hundiendo la cara entre las manos.)* Nada... Judas... Ya no era nada...

EL JOVEN: ¿Cómo?... Si era Judas era algo...

EL ARTISTA: Era Judas y era a la vez otra cosa...

LA MUJER: O dejó de ser Judas y se convirtió en algo diferente.

30 EL CABEZÓN: No... No era nada. ¿Me oyen? Nada, polvo, cenizas... nada...

EL JOVEN: Pero entonces... ¿Eso es lo que les pasa a los que se van?

LA MUJER: Y eso... nada... ¿Qué es?

EL CABEZÓN: Yo lo vi. *(Con desesperación.)* Nada.

35 EL ARTISTA: Ahora recuerdo. En el cajón del polvo negro decía: pólvora... explosivo... Peligro de muerte.

LA MUJER: *(Con estupor.)* Muerte ¿es eso?... ¿Ser nada?

EL CABEZÓN: No lo comprendo. Lo vi y no puedo comprenderlo, con esta cabeza tan grande sobre los hombros.

40 EL VIEJITO: *(Indiferente.)* Bah. Tonterías. Voy a contar mis papeles. *(Se sienta a contar.)*

◆ ◆ ◆

10. Lo hace a un lado *He pushes him to one side.*

EL JOVEN: No te servirán de nada. Están hechos con el mismo material que nosotros. El día menos pensado... pum... al aire, al viento.

EL VIEJITO: No... esto es algo, se puede tocar, contar. *(Cuenta en voz alta.)* Mil doscientos tres, mil...

EL JOVEN: *(En un arrebato de ira se lanza sobre él, le arrebata los papeles y comienza a romperlos.)* Mira lo que hago con tus papeles.

EL VIEJITO: No... No... son míos. *(Le arrebata algunos y se sienta en un rincón, con aire medroso y triste.)*

EL ARTISTA: Peleándose. Idiotas... Todos somos idiotas... Todos somos idiotas. ¿Qué esperamos aquí? Les pregunto.

LA MUJER: ¿Esperar? Nada. Estamos viviendo.

EL ARTISTA: Si ése ha de ser nuestro fin, vamos a juntarnos todos, acerquemos a nosotros una cosa encendida y volaremos por el aire en un solo estallido, como una bomba gigantesca y todos esos como nosotros a quienes el viejo no ha puesto aún el terrible cartucho en el centro del cuerpo y mis rayas de colores y tus papeles y tu vestido con picos... Tal vez esa... es la única libertad que podemos desear.

LA MUJER: No... yo quiero convertirme en otra cosa... Algo que salga de mí... quiero, quiero.

EL CABEZÓN: Un momento. Hay que recobrar la calma. Pensemos. A Judas le sucedió... eso... porque era malo... era traidor...

EL JOVEN: Es verdad.

EL CABEZÓN: *(Con esfuerzo.)* Quiere decir que el viejo lo destruyó porque era malo.

EL JOVEN: Entonces el viejo es bueno.

EL ARTISTA: ¿Y si no es así? ¿Y si viene por cualquiera de nosotros y nos hace arder en el mismo fuego que a Judas?

LA MUJER: Cállate. *(Con tristeza.)* Entonces la vida aquí no tendría sentido...

EL ARTISTA: *(Intenso.)* Sería... La desesperación.

EL VIEJITO: Bah... los oigo hablar y no digo nada. Pero ya es tiempo de que me oigan... No hay nada de temible en lo que le pasó a Judas... Yo sé, desde hace tiempo, que a los fantoches como nosotros, hechos a semejanza de un anciano, ciego, que está sumido en la indiferencia, les llega un día en que todo se disuelve en el viento. Pero pienso que ya es bastante hermoso sentir el peso de este envoltorio negro en el centro del cuerpo y saber que eso le da sentido a nuestra presencia en este lugar... Yo lo sé desde hace mucho... pero creo que en el fondo hay que dar gracias a ese viejo que nos ha puesto aquí... pues hemos vivido, hemos estado haciéndonos compañía, yo he tenido mis papeles de colores y a veces me ha sucedido que siento unas ganas muy grandes de gritar y si no lo he hecho fuertemente, es por temor de que este envoltorio se desbaratara y me arrastrara en un incendio voraz y aniquilador... *(Con tristeza.)* La niña no ha querido llevarme... siempre me pongo en lugar visible... pero ya llegará... espero el momento.

LA MUJER: *(De pronto con frenesí, al* JOVEN*)* Ayúdame tú a vivir en algo, que
quede después de que yo arda para siempre. Dame un beso.
EL JOVEN: *(Señalando los picos.)* Me lastimaría.
LA MUJER: No importa. Acércate... Odio estos picos que no me dejan sen-
5   tirme confundida contigo, que no permiten nunca que dos sean uno
solo, indivisible... Dos en uno. Sería bueno, para oponerle mayor
resistencia a la niña.
EL JOVEN: Sería inútil. Dos cartuchos de pólvora negra arden más de
prisa que uno solo. No hay defensa.
10 EL CABEZÓN: Es necesario inventar una.
EL ARTISTA: No... Ahora sé que todas las esperas conducen a la muerte.
No hay defensa.
LA MUJER: *(Con un paso provocativo.)* Ayúdame—tú.

15 *El* JOVEN *la sigue. Ella huye y se acerca al mismo tiempo. Cuando el* JOVEN *está
muy excitado, ella se deja caer. Él la levanta y sin reparar en los picos del vestido
se confunde con ella en un abrazo y un beso espasmódicos... Luego, se separan,
ella se arregla el vestido y los cabellos. Él queda en el suelo como herido.*

20 LA MUJER: Está bien. El viejo se encargará de lo demás.
EL JOVEN: *(Como soñando.)* ¿El viejo?

De pronto se oyen los pasos afuera precedidos por la risa de la NIÑA. *Todos los
fantoches se ponen de pie al mismo tiempo.*
25
EL ARTISTA: Vienen otra vez. ¿A quién le tocará ahora?
EL JOVEN: No los dejemos entrar.
EL CABEZÓN: Todos contra la puerta. El peso de cinco cuerpos es mayor
que el de dos. Física pura.
30 EL VIEJITO: *(Con una risita.)* Es inútil... Ella empujará la puerta y ustedes
se sentirán livianos. ¡Nuestro cuerpo! Es tan deleznable que al menor
soplo suyo caería hecho pedazos. Nuestro peso, el peso de cinco fantoches, de diez, de mil, no bastaría para impedir que esa niña cruel con
un dedo abriera la puerta y entrara a elegir entre nosotros.
35 EL JOVEN: Ya vienen.
EL ARTISTA: *(Con gran temor.)* A empujar.
EL CABEZÓN: Con todas nuestras fuerzas. Así, con una viga. *(Se apodera de
una viga y todos juntos empujan.)* El brazo de palanca es largo, ayudará.
Eso es científico e indudable...
40
*A pesar de que empujan con todas sus fuerzas se ve que la puerta va cediendo; los
fantoches van retrocediendo atónitos. Entran la* NIÑA *y el* VIEJO.

LA NIÑA: *(Burlona.)* No me querían dejar entrar. *(Ríe.)*

EL ARTISTA: No te rías.
LA NIÑA: ¿Por qué?
EL ARTISTA: Eres cruel.
LA NIÑA: No sé. Soy como soy. Mi padre es responsable de como soy.
EL ARTISTA: Pero ¿por qué? ¿Por qué nos haces esto? ¿Con qué derecho?   5
LA NIÑA: *(Divertida.)* ¿Derecho? No conozco esa palabra...
EL CABEZÓN: No comprendo cómo pudo entrar. Eso es contra todas las leyes de la ciencia.
LA NIÑA: ¿Por qué me ven tan extrañados? Es necesario que este lugar quede libre. Hay otros muñecos esperando a que mi padre les ponga   10 las venas de pólvora.
LA MUJER: *(De rodillas a la NIÑA.)* Yo quiero... uno nuevo.
LA NIÑA: *(Se vuelve de espaldas con disgusto.)* Eso no es asunto mío.
LA MUJER: *(De rodillas al VIEJO.)* Quiero uno nuevo.
EL VIEJO BARBUDO: *(Sordo.)* ¿Eh?   15
LA MUJER: Dame un pequeño fantoche con una pequeña bomba nueva. Él y yo *(señala al JOVEN)* nos hemos amado.

El VIEJO va a un rincón, toma un muñeco pequeño, y lo da a la MUJER.
     20
LA MUJER: Lo quiero. Lo quiero. Duérmete y sueña. *(Lo arrulla cantando en voz baja.)*
LA NIÑA: *(Alegre.)* Es divertido. Todo esto me divierte mucho. Y bien. Hoy no elegiré al azar. Hoy vendrá alguien que me guste.
TODOS: ¿Quién?   25
LA NIÑA: *(Los ve con sonrisa cruel, mientras los fantoches en actitud de miedo retroceden.)* Tú *(señala al ARTISTA).*
TODOS: ¡El artista!
LA NIÑA: ¿Artista? Nunca oí palabra más tonta. ¿Qué quiere decir?
EL ARTISTA: Nada... algo que es aún más inútil que todo lo demás.   30
LA NIÑA: Vamos, de prisa. *(Lo empuja imperativa.)*
EL ARTISTA: No, no iré.
LA NIÑA: *(Riéndose.)* Se niega a ir.
EL ARTISTA: Conmigo tú no puedes nada.
LA NIÑA: ¿No?   35
EL ARTISTA: No... yo hago que sea lo que no es, que el tiempo no transcurra, que el rosa sea violeta, que el sueño sea verdad, que la vida no termine.
LA NIÑA: *(Con asombro.)* ¡Estás loco!
EL ARTISTA: Sí... pero no puedes hacerme nada. Yo te ignoro a ti, tengo el   40 poder de olvidarte... de matarte en un pensamiento.
LA NIÑA: *(Impaciente.)* Vamos.
EL ARTISTA: No iré.

LA NIÑA: Voy a acercar a ti una llama y todos ellos volarán contigo por el aire...

LA MUJER: No, mi pequeño.

EL JOVEN: *(Se adelanta y se encara con el ARTISTA.)* No... No tienes derecho.
5 Es tu muerte. Sólo tuya.

EL ARTISTA: *(Con desesperanza.)* Ya sabía yo que me dejarían solo... en el último momento...

La NIÑA le da un empujón violento y sale tras él... El VIEJO BARBUDO se ha senta-
10 *do mientras tanto de espaldas a los fantoches... Se oye otro violento estallido que los paraliza.*

EL CABEZÓN: *(Se acerca al VIEJO BARBUDO con aire de pedir una explicación.)* ¿Por qué haces esto? Explícame. Quiero comprender. No sé si lo que te
15 propones es bueno o malo. Durante mucho tiempo pensé que esperábamos aquí algo luminoso, le habíamos llamado libertad... Ahora sé que desde que nos haces, pones dentro de nosotros, como condición para vivir, la bomba misma que ha de aniquilarnos... ¿Por qué entonces no nos haces felices? ¿O por qué no haces que la destruc-
20 ción sea la felicidad al mismo tiempo? Contesta. *(El VIEJO continúa de espaldas. El CABEZÓN se dirige a la MUJER.)* Háblale tú. Tal vez una mujer...

LA MUJER: *(Se acerca al VIEJO BARBUDO con gran comedimiento. Lleva al pequeño muñeco en los brazos.)* Tú sabes que te he querido, que pensaba en ti y te agradecía que me hubieras hecho diferente a ellos. Sabía que esa difer-
25 encia serviría para algo. Hoy sé que es sólo para prolongar nuestra estirpe de fantoches pintados por tu mano, a tu capricho. Creí que nuestra tarea era la de ser felices y me gustaba todo y veía en nuestros colores la más variada colección de hermosuras. Nunca me preocupé por comprender, pero ahora me has dado un pequeño muñeco nuevo y lo
30 quiero. ¿Por qué tengo que querer lo que no comprendo? ¿Por qué no hablas? ¿Eres mudo además de ser sordo y ciego? Habla. *(Llora.)*

El VIEJO calla.

35 EL VIEJITO: Déjame hablarle. Yo soy viejo ya en este lugar. Por misterioso que él parezca he vivido mucho tiempo junto a su misterio. *(Le habla con familiaridad.)* No te pido explicaciones. Para mí es claro. No hay mucho que comprender; pero yo, como tú, soy viejo y sé que nunca se es el mismo.[11] Cuando era joven también me desesperé y pregunté,
40 pero tú ¿nunca te has hecho preguntas a ti mismo? ¿No has hallado la respuesta? Creo que en el fondo eres tan ignorante como nosotros. Sin

◆ ◆ ◆

11. nunca se es el mismo *things constantly change.*

embargo podrías tener un gesto de piedad. ¿Por qué permitiste que esa niña se llevara al artista, que era joven, y no a mí que tanto le he pedido que me lleve? He visto morir a muchos jóvenes y siempre me ha causado horror. Pon una nueva medida a tu ministerio, un poco de lógica, o ¿no puedes? ¿o lo que quieres es que nunca estemos satisfechos de nada? Tú mismo ¿estás satisfecho? Responde una vez, una sola vez. 5

EL JOVEN: No contesta. ¿No sabe hablar?

EL VIEJITO: Acaso nuestro error está en esperar de él una respuesta.

EL JOVEN: Mira, se ha quedado dormido. No ha oído nada.

EL VIEJITO: Está cansado como yo. Viejo y cansado. 10

LA MUJER: Pero entonces ¿qué hay que hacer para que nos oiga? Él duerme pero ha dejado a esa niña loca con libertad para elegir. Ella es la única que es libre. Todos nosotros atados de pies y manos con estas terribles cuerdas y ella libre y desenfrenada. *(Al VIEJO gritándole.)* ¿Es esa la única libertad que has sido capaz de crear? 15

Se oye fuera de nuevo la risa de la NIÑA.

EL VIEJITO: Dios mío… Dios mío… ¿A quién se llevará ahora?

EL JOVEN: Valor. Hay que tener valor. *(Le tiende la mano a la MUJER, que se la* 20
toma con desesperación y permanecen así, asidos de la mano.)

EL CABEZÓN: Si yo pudiera comprender la psicología de este viejo…

La NIÑA, que venía corriendo, se detiene jadeante en el umbral de la puerta.
Desde ahí observa a los fantoches con una mueca altanera. 25

LA MUJER: *(Apretando al muñeco pequeño.)* Que no sea yo… todavía.

EL JOVEN: *(Apretando con calor la mano de la MUJER.)* Ni tú, ni yo…

EL VIEJITO: Un tiempo antes… un tiempo después…

EL CABEZÓN: *(A la NIÑA.)* Dame tiempo para que yo pueda explicarme a 30
mí mismo…

LA NIÑA: *(Interrumpe alegre.)* Volveré a seguir mi costumbre. Elegiré, como siempre, al azar. *(Se lanza de nuevo a girar vertiginosamente en mitad de la escena: Los fantoches hacen una pantomima en torno a ella como queriendo escabullirse del dedo de la NIÑA, que señala al vacío.)* 35

Música disonante.

LOS FANTOCHES: No… yo no… yo no.

 40

(El VIEJO duerme tranquilamente. Súbitamente con un acorde disonante, fuerte, la
NIÑA detiene su giro en mitad de la escena, señala con el índice al lunetario, con
un gesto firme y amenazador, al mismo tiempo que se corre muy rápido el telón.)

Reprinted by permission of the author.

Ejercicios

a. preguntas

1. ¿Cómo están vestidos los fantoches, y qué representan ellos?
2. ¿Cuál es la función del tambor que tiene el Joven?
3. ¿A qué se dedica el Viejito todos los días, y qué opinión tiene el Cabezón de esta ocupación?
4. ¿Por qué no cree la Mujer que el Viejo pueda ser malo?
5. ¿Por qué se enoja el Artista cuando la Niña escoge a Judas y se lo lleva?
6. ¿Qué puede significar la frase del Viejito: «Nunca ha faltado aquí un Judas»?
7. ¿Por qué se asusta tanto el Cabezón cuando ve lo que le pasa a Judas?
8. Al darse cuenta el Artista de que el fin de todos ellos va a ser la nada, ¿qué propone él hacer?
9. Según la Mujer, ¿bajo qué condición no tendría sentido la vida para ellos?
10. ¿Cúal es la actitud del Viejito frente al Viejo y a la vida en general?
11. Según la Niña, ¿por qué es necesario que ella siga llevándose a los fantoches?
12. ¿Por qué pide la Mujer un pequeño muñeco, y qué cambios se notan en ella después de recibir este muñeco?
13. Al final del drama, ¿qué ya comprende el Cabezón acerca de la existencia de los fantoches?
14. ¿Hay un comentario social en el hecho de que los otros fantoches se niegan a ayudar al Artista cuando la Niña está por llevárselo?
15. ¿Cómo escoge la Niña a su víctima la última vez, a quién escoge, y qué significado puede tener para nosotros?

b. temas

1. La intención del dramaturgo al emplear fantoches en vez de personas como los personajes de esta obra.
2. El simbolismo que se ve en las figuras del Artista, la Mujer, y el Cabezón.
3. La figura de la Muerte (la Niña) en el drama.
4. El concepto de la libertad que tienen los fantoches.
5. Dios, tal como se le ve representado por el Viejo Barbudo.
6. La existencia de los fantoches en el cuarto y nuestra existencia en la sociedad de hoy.

7. Los cambios de actitud que se notan en los fantoches después de darse cuenta ellos de lo que les va a pasar al salir del cuarto con la Niña.
8. Los varios niveles de interpretación del drama.

◆ ◆ ◆
c. puestas en escena

1. Imaginando que Ud. es la persona en el lunetario que la Niña escoge al final del drama, escriba y, junto con otro estudiante, presente un breve diálogo entre Ud. y ella.
2. Escriba y presente un breve monólogo que pudiera ser una charla del Cabezón a un grupo de estudiantes, contando sus experiencias en el almacén y con la Niña y el Viejo.

◆————————————*La maestra*

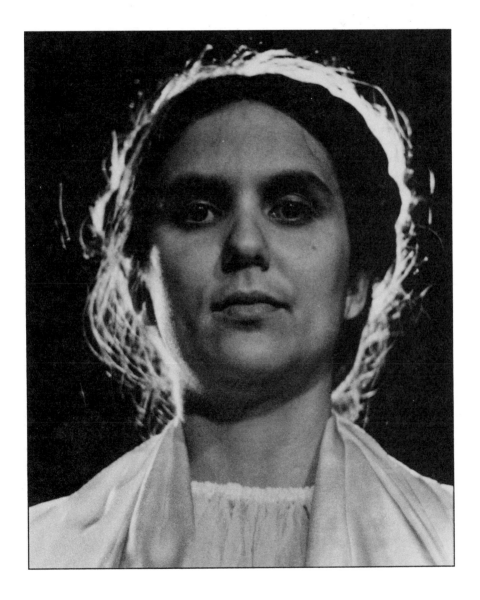

◆ —————————————————————*Enrique Buenaventura*

*E*nrique Buenaventura, born in Cali, Colombia, in 1925, is committed to profound change through a theater of community involving the oppressed and underprivileged, which will inspire them to alter the structure of society. Founder of the prestigious *Teatro Experimental de Cali*, Buenaventura's earlier works dealt with epic themes from history or folklore; the plays often required productions of considerable scope. During the 1960s, under the influence of the massive civil violence which had devastated Colombia for twenty years, Buenaventura evolved toward a more political theater. He and TEC have been in the forefront of the movement to develop the theater of collective creation, which does away with producers and the star system because they are seen as interfering between the play and the audience. In collective creation, categories such as director, star, and playwright are abolished. The company divides into groups that carry out the research necessary to write about and present the social and historical themes they choose. Next, the text is developed jointly by the entire group. Since the play is conceived as a dynamic theatrical act rather than as a fixed literary work, each presentation of the play is a new and potentially different one. There is great flexibility in terms of what any individual may contribute within the company, so that, theoretically, there is no playwright or author. Recently, however, there has been a tendency for certain individuals to concentrate on text preparation, others on acting, etc.

Since TEC and collective creation in general hold a very socially oriented conception of theater, their plays tend to be exposés of abuses, and Buenaventura's plays are no exception. Among his best known works—although they are published as creations of TEC—are *Los papeles del infierno* (1968), four short exposés of establishment cruelty toward the powerless. Much of their power depends, as in *La maestra*, on the constant contrasts between violence and passivity, between stark events and the poetic presentation of them, and on the underlying irony of a situation in which the helpless are victims of violence perpetrated by those who profess to be acting in the name of justice.

◆ ◆ ◆

1. What are some examples of irony in *La maestra*?
2. Why is the *Maestra* presented as dead?

La maestra

personajes

La Maestra 5
Juana Pasambú
Pedro Pasambú
Tobías el Tuerto
La Vieja Asunción
Sargento 10
Peregrino Pasambú (El Viejo)

En primer plano una mujer joven, sentada en un banco. Detrás de ella o a 15
un lado van a ocurrir algunas escenas. No debe haber ninguna relación directa
entre ella y los personajes de esas escenas. Ella no los ve y ellos no la ven a ella.

LA MAESTRA: Estoy muerta. Nací aquí, en este pueblo. En la casita de
barro rojo con techo de paja que está al borde del camino, frente a la 20
escuela. El camino es un río lento de barro rojo en el invierno y un
remolino de polvo rojo en el verano. Cuando vienen las lluvias uno
pierde las alpargatas en el barro y los caballos y las mulas se embarran
las barrigas, las enjalmas y hasta las caras y los sombreros de los jinetes
son salpicados por el barro. Cuando llegan los meses de sol el polvo 25
rojo cubre todo el pueblo. Las alpargatas suben llenas de polvo rojo y
los pies y las piernas y las patas de los caballos y las narices resollantes
de las mulas y de los caballos y las crines y las enjalmas y las caras
sudorosas y los sombreros, todo se impregna de polvo rojo. Nací de ese
barro y de ese polvo rojo y ahora he vuelto a ellos. Aquí, en el pequeño 30
cementerio que vigila el pueblo desde lo alto, sembrado de hortensias,
geranios, lirios y espeso pasto. Es un sitio tranquilo y perfumado. El
olor acre del barro rojo se mezcla con el aroma dulce del pasto yaraguá
y hasta llega, de tarde, el olor del monte, un olor fuerte que se despeña
pueblo abajo.[1] *(Pausa.)* Me trajeron al anochecer. *(Cortejo mudo, al fondo,* 35
con un ataúd.) Venía Juana Pasambú, mi tía.
JUANA PASAMBÚ: ¿Por qué no quisiste comer?
LA MAESTRA: Yo no quise comer. ¿Para qué comer? Ya no tenía sentido
comer. Se come para vivir y yo no quería vivir. Ya no tenía sentido
vivir. *(Pausa.)* Venía Pedro Pasambú, mi tío. 40
PEDRO PASAMBÚ: Te gustaban los bananos manzanos y las mazorcas
asadas y untadas de sal y de manteca.

◆ ◆ ◆

1. un olor…abajo *an odor so strong that it can be smelled way down in the village.*

LA MAESTRA: Me gustaban los bananos manzanos y las mazorcas, y sin embargo no los quise comer. Apreté los dientes. *(Pausa.)* Estaba Tobías el Tuerto, que hace años fue corregidor.

TOBÍAS EL TUERTO: Te traje agua de la vertiente, de la que tomabas cuando eras niña en un vaso hecho con hoja de rascadera y no quisiste beber.

LA MAESTRA: No quise beber. Apreté los labios. ¿Fue maldad? Dios me perdone, pero llegué a pensar que la vertiente debía secarse. ¿Para qué seguía brotando agua de la vertiente? me preguntaba. ¿Para qué? *(Pausa.)* Estaba la vieja Asunción, la partera que me trajo al mundo.

LA VIEJA ASUNCIÓN: ¡Ay mujer! ¡Ay niña! Yo, que la traje a este mundo. ¡Ay niña! ¿Por qué no recibió nada de mis manos? ¿Por qué escupió el caldo que le di? ¿Por qué mis manos que curaron a tantos, no pudieron curar sus carnes heridas? Mientras estuvieron aquí los asesinos... *(Los acompañantes del cortejo miran en derredor con terror. La VIEJA sigue su planto mudo mientras habla la MAESTRA.)*

LA MAESTRA: Tienen miedo. Desde hace un tiempo el miedo llegó a este pueblo y se quedó suspendido sobre él como un inmenso nubarrón de tormenta. El aire huele a miedo, las voces se disuelven en la saliva amarga del miedo y las gentes se las tragan. Un día se desgarró el nubarrón y el rayo cayó sobre nosotros. *(El cortejo desaparece, se oye un violento redoble de tambor en la oscuridad. Al volver la luz allí donde estaba el cortejo está un campesino VIEJO arrodillado y con las manos atadas a la espalda. Frente a él un sargento de policía.)*

SARGENTO: *(Mirando una lista.)* Vos respondés al nombre de Peregrino Pasambú. *(El VIEJO asiente).* Entonces vos sos el jefe político aquí. *(El VIEJO niega.)*

LA MAESTRA: Mi padre había sido dos veces corregidor. Pero entendía tan poco de política, que no se había dado cuenta de que la situación había cambiado.

SARGENTO: Con la política conseguiste esta tierra. ¿Cierto?

LA MAESTRA: No era cierto. Mi padre fue fundador del pueblo. Y como fundador le correspondió su casa a la orilla del camino y su finca.[2] Él le puso nombre al pueblo. Lo llamó: «La Esperanza.»

SARGENTO: No hablás, ¿no decís nada?

LA MAESTRA: Mi padre hablaba muy poco. Casi nada.

SARGENTO: Mal repartida está esta tierra. Se va a repartir de nuevo. Va a tener dueños legítimos, con títulos y todo.

LA MAESTRA: Cuando mi padre llegó aquí, todo era selva.

SARGENTO: Y también las posiciones están mal repartidas. Tu hija es la maestra de la escuela, ¿no?

◆ ◆ ◆

2. y como...finca *And as a founder he was entitled to his farm and his house by the side of the road.*

LA MAESTRA: No era ninguna posición. Raras veces me pagaron el sueldo. Pero me gustaba ser maestra. Mi madre fue la primera maestra que tuvo el pueblo. Ella me enseñó y cuando ella murió yo pasé a ser la maestra.[3]

SARGENTO: ¿Quién sabe lo que enseña esa maestra?   5

LA MAESTRA: Enseñaba a leer y a escribir y enseñaba el catecismo y el amor a la patria y a la bandera. Cuando me negué a comer y a beber, pensé en los niños. Eran pocos, es cierto, pero, ¿quién les iba a enseñar? También pensé: ¿Para qué han de aprender a leer y a escribir? Ya no tiene sentido leer y escribir. ¿Para qué han de aprender el catecismo? Ya   10 no tiene sentido el catecismo. ¿Para qué han de aprender el amor a la patria y a la bandera? Ya no tiene sentido la patria ni la bandera. Fue mal pensado, tal vez, pero eso fue lo que pensé.

SARGENTO: ¿Por qué no hablás? No es cosa mía. Yo no tengo nada que ver, no tengo la culpa. *(Grita.)* ¿Ves esta lista? Aquí están todos los   15 caciques y gamonales del gobierno anterior. Hay orden de quitarlos de en medio[4] para organizar las elecciones. *(Desaparecen el* SARGENTO *y el* VIEJO.*)*

LA MAESTRA: Y así fue. Lo pusieron contra la tapia de barro, detrás de la casa. El Sargento dio la orden y los soldados dispararon. Luego el   20 Sargento y los soldados entraron en mi pieza y, uno tras otro, me violaron. Después no volví a comer, ni a beber y me fui muriendo poco a poco. Poco a poco. *(Pausa.)* Ya pronto lloverá y el polvo rojo se volverá barro. El camino será un río lento de barro rojo y volverán a subir las alpargatas y los pies cubiertos de barro y los caballos y las mulas con   25 las barrigas llenas de barro y hasta las caras y los sombreros irán, camino arriba, salpicados de barro.

◆ ◆ ◆

3. yo pasé…maestra *I took over as the teacher.*   4. Hay…medio *We have orders to get rid of them.*

Ejercicios

a. preguntas

1. ¿Dónde está sentada la Maestra durante toda la obra?
2. ¿Cómo describe la Maestra el camino de su pueblo durante el invierno y el verano?
3. ¿Qué quiere decir la Maestra cuando dice que nació del barro y del polvo del pueblo y que ahora ha vuelto a ellos?
4. ¿Cuándo le trajeron a la Maestra al cementerio, y quiénes la acompañaban?
5. En una ocasión la Maestra dice que «el aire huele a miedo». ¿Cómo sería ese olor?
6. ¿Cuál es el nombre del pueblo, y en qué sentido es irónico este nombre?
7. ¿Quién fue la primera maestra del pueblo?
8. ¿Qué cosas enseñaba la Maestra en su escuela?
9. ¿Por qué mataron los soldados al padre de la Maestra?
10. ¿Cómo lo mataron?
11. ¿Qué le hicieron los soldados a la Maestra después de fusilar a su padre?
12. ¿Por qué decidió la Maestra no comer ni beber más?

b. temas

1. La represión política que se encuentra en _La maestra_.
2. El miedo como tema y símbolo en el drama.
3. El efecto de tener como protagonista a una persona ya muerta.
4. La circularidad dramática—el último parlamento se incluye en el primero—como símbolo de la situación política.
5. La sencillez escénica y su efecto en el impacto de la obra.
6. El barro y el polvo como símbolos del tiempo, de la vida, y de la situación política.

◆ ◆ ◆

c. puestas en escena

1. Imagine que Ud. fuera representante del gobierno regional y tuviera que ir al pueblo La Esperanza para investigar la muerte de la Maestra y su padre. Escriba y, junto con otro estudiante, presente un breve diálogo entre Ud. y el Sargento u otro habitante del pueblo.
2. Junto con dos o tres estudiantes más, escriba unos breves comentarios sobre varios aspectos de la violencia política en Latinoamérica hoy en día—sus causas y efectos—y presente estos comentarios en forma de una mesa redonda.

La repetición

◆ ———————————*Antón Arrufat*

*A*ntón Arrufat was born in the provincial city of Santiago, Cuba, in 1935 and settled in Havana in 1947. Like many of those active in the renaissance of Cuban theater following the overthrow of the dictator Batista in 1958, he spent the last years prior to the revolution in New York. Since 1959 he has lived in Havana. In 1968, when he received the Cuban Writers' and Artists' Union prize for *Los siete contra Tebas*, an adaptation of Aeschylus' *Seven Against Thebes*, Arrufat was involved in a political controversy which sharply curtailed his activity as director and playwright. A sensitive handling of the delicate theme of brothers at war, the play was never produced and has hardly circulated because of the furor caused by its obvious parallels to the political situation in Cuba. Arrufat's difficulties with the Cuban government may spring in part from his view of time as cyclical and destructive, a notion at odds with the government's official view of the perfectibility of society and the individual.

Arrufat is deeply influenced by the *teatro bufo*, an enormously popular late 19th and early 20th century comic form related to musical comedy or the music hall theater. He has written extensively on the *bufo*, edited a volume of plays, and directed revivals of *bufo* hits. He has said that the reason for this interest is that the *bufo* was in contact with the essential elements of Cuban reality rather than imitating a borrowed culture. Many of his plays show the influence of this popular theater in their disregard of plausibility and use of stock comic characters, their oscillation between comedy and seriousness, and their satirical laughter at all levels of society.

Arrufat's plays deal with the incoherence and apparent lack of meaning in existence, but above all he is obsessed by our place in time and its effect on us. His characters are corroded by the time in which they are trapped, whether it be the emotional stagnation of the provinces or the ritualized reliving of crucial moments in their lives. *La repetición* (1963) is one of Arrufat's most effective examinations of this fatal effect of time. Not only does it rob us of joy and youth, it takes away the capacity for seeing any means of escape. Although there is a social dimension to the play—obvious in the final speech—the use of masks and the play's circular structure underline Arrufat's intention to present more than simply a vignette of the depressing and hopeless existence of the economically deprived.

Arrufat has masked his characters in order to stress the universality of this cyclical nature of time. *La Muchacha's* fading hopes are contrasted with *La Vecina's* struggle against poverty and depression, and the fleeting possibility of an escape, seen in *El Vendedor*, is destroyed in a dramatically effective exchange of masks. *La Muchacha* has been transformed into a repetition of *La Vecina* and the cycle will begin again. This repetition, whose symbolism is enhanced by the use of masks, raises a series of questions about individual identities. Recent scientific speculation about the physical universe suggests that we are locked into a time which may ultimately begin to unwind in a reverse direction. How real is time? What are the true limits of human freedom? Are individual lives predetermined by a cyclically functioning universe?

1. Why is there a mixture of seriousness and comedy in *La repetición*?
2. In life, do we float freely or are we acting out predetermined roles over which we have little if any control?

La repetición

personajes

La Muchacha
La Vecina
El Marido
El Vendedor

Época: 1940

Dos planos sostenidos por una escalera de caracol.[1] La luz enciende sobre el plano más elevado: la habitación de la MUCHACHA, *que sirve a la vez de cocina, comedor y dormitorio, sin paredes. Al fondo, una baranda cóncava de hierro que dará idea de un balcón. Fogón pequeño de losetas rojas. Cuelgan cacharros relucientes. Palanganero de color mandarina. Bombilla con pequeña pantalla de cartón amarillo. Mesa con hule. Coqueta con espejo ovalado, encima un jarro de aluminio.[2] Cama con cobertor a cuadros. Tiestos con plantas. Una cuerda para colgar ropa cruza la habitación. La* MUCHACHA *está lavando medias, pañuelitos, etc., en el palanganero. Viste a estampados,[3] pelo recogido. Máscara de mujer joven. Canta fragmentos de varias canciones que tratan de la soledad. Va hacia la cómoda, toma el jarro, vierte agua en el palanganero y vuelve a lavar. Deja el jarro en el suelo. Tiende en el cordel.*

La luz se enciende sobre el plano más bajo: la habitación de la VECINA. *Es igual a la de la* MUCHACHA, *con los mismos muebles y objetos, pero más viejos y sucios. Los mismos tiestos con las mismas plantas, pero medio muertas, marchitas. Están en escena la* VECINA *y su* MARIDO, *que será también el* VENDEDOR. *Usan máscaras fijas. La* VECINA *es una mujer gorda, con años. Vive en desacuerdo con lo que le rodea. El* MARIDO *viste un overall azul. Están desayunando. Es sábado.*

1

LA VECINA: Te digo que es imposible vivir así. Nunca se sabe si te darán trabajo. ¿Vas a ir hoy? *(El* MARIDO *asiente.)* Bueno, trabajar todos los días está bien, pero ir a buscar todos los días y no encontrar... Sí, ya sé. A veces encuentras. Hay que estar horas esperando... Juanito quiere un

◆ ◆ ◆

1. Dos... caracol. *Two levels separated by a winding staircase.*   2. Fogón... aluminio *A small cookstove of small, red flagstones. Shining cooking pots hang above it. An orange-colored washstand and basin. A hanging light bulb with a small shade of yellow cardboard. A table with an oilcloth cover. A vanity with an oval mirror and an aluminum pitcher on it.*   3. Viste a estampados *She is wearing a cotton print dress.*

disfraz. ¿Está bueno el café? Me imagino... ¿No te parece que ya va
siendo hora de que las cosas cambien? Sí, ya sé lo que vas a decirme. Sé
que a veces yo soy lo que se dice «una fatalista». Mi madre, que en paz
descanse, siempre me decía: «Así no levantarás cabeza »[4]... Esta semana todavía no hemos pagado el alquiler del cuarto... Tengo que   5
hacer milagros para llegar a fin de mes... Las galletas están viejas. Ese
maldito chino, y seguramente me apuntó de más en la cuenta[5]... *(El*
MARIDO *se levanta y sale. La* VECINA *sube la escalera y entra en el cuarto de la*
MUCHACHA *.)*

2   10

LA VECINA: ¿Se puede? ¡Ya estoy dentro! ¿Qué tal, hija? ¿Cómo pasó la
noche? ¿Yo? ¡Espantosa! Casi no pude pegar los ojos...

                                                                         15
Se apaga la luz sobre el cuarto de la VECINA *.*

LA MUCHACHA: ¿Está enfermo su hijo?
LA VECINA: ¡Enferma me pondrá a mí como lo deje![6] Siempre quiere algo
distinto. Ahora no existe en el mundo quien le saque de la cabeza que   20
tiene que disfrazarse. Todo el día de ayer se lo pasó pidiéndomelo. Y tú
sabes, vecina, que el dinero está en el pico del aura[7]... Bueno, como te
iba diciendo, anoche Juanito no se durmió y me dejó tranquila hasta
que le prometí[8] cocerle un disfraz para esta tarde. Los niños son impla-
cables... Con tal de salirse con la suya[9] la llevan a una a la tumba... ¿Y   25
qué hago ahora? *(Se sienta en la cama.)* Mi marido está sin trabajo. En los
muelles un día hay y otro no. No sé, no hay nada seguro. ¡Está bueno el
colchón![10] *(Pausa.)* Ayer apunté un número a la bolita, pero ni se
enteró.[11] «Monja que camina por el techo»[12]... ¿Qué será? Ese es el ver-
sito de la charada de hoy.   30
LA MUCHACHA: No tengo la menor idea. ¿«Monja que camina por el
techo»?
LA VECINA: Ni te preocupes. Yo apunto cualquier número venga bien o
mal. La cosa es entrar en el juego. El premio le cae a cualquiera.

◆ ◆ ◆

4. «Así... cabeza» *You'll never get ahead that way.* 5. Ese... cuenta *That damn
chinaman (grocer); I'll bet you he charged too much on the bill.* 6. ¡Enferma...
deje! *He's making me sick!* 7. el dinero... aura *money is scarce* 8. me...
prometí *he didn't leave me in peace until I promised him.* 9. Con... suya *For the
sake of getting their own way.* 10. ¡Está... colchón! *The mattress is very good!*
11. Ayer... enteró. *Yesterday I took a chance on the lottery, but it wasn't even close.*
12. «Monja... techo» *A line whose hidden meaning must be guessed to qualify for
the lottery.*

LA MUCHACHA: *(Que ha dejado de tender, se seca las manos y se sienta junto a la VECINA.)* Dios aprieta pero no ahoga.

LA VECINA: Ay, chica, ese tipo no se entera de nada. *(Se levanta.)* Bueno, quiero preguntarte una cosa, ¿te casas o no te casas?

5 LA MUCHACHA: *(Sorprendida.)* ¡No tengo novio todavía!

LA VECINA: *(Rápida.)* Las ganas no te faltan. *(Palmeando.)* ¡A buscarlo! No creas en eso de que «matrimonio y mortaja del cielo baja».[13] *(Camina hasta el fogón y levanta la tapa de una cazuela.)* Las once de la mañana y los fogones fríos. ¿Qué haré de almuerzo?

10 LA MUCHACHA: No sé. Cualquier cosa.

LA VECINA: A mí se me devanan los sesos[14] pensando en la comida. Nunca sé lo que voy a hacer. Es mi tragedia. ¿Qué cocino hoy? *(Extiende el brazo, gira la mano con el índice apuntando.)* Ven acá, chica. ¿Tienes alguna telita que no te sirva por ahí?

15 LA MUCHACHA: Tengo un pedazo de tafetán rojo.

LA VECINA: *(Exclamando.)* ¡Ése mismo!

La MUCHACHA busca en las gavetas de la cómoda. Saca un pedazo de tela. Mientras tanto la VECINA vuelve al fogón y destapa otra cazuela.

20 LA VECINA: ¡Qué horror! ¡Vacía! Si al menos hubiera aquí algo que me diera idea de lo que debo cocinar. ¿Qué cocinaré hoy?

LA MUCHACHA: *(Regresando.)* Me sobró de un vestido que me hice los otros días con Onelia. La muy viva[15] se quería quedar con el retazo. Y

25 yo, ahora, creí que lo había botado.

LA VECINA: ¡Ni comprada en la tienda![16] *(Pausa.)* ¡Nunca se bota nada!

LA MUCHACHA: ¿No te parece muy pequeño ?

LA VECINA: Ya se me ocurrirá algo. *(Pausa.)* Eso mismo. ¡Ya lo tengo! Le haré un pañuelo para la cintura y otro para el cuello. Un sombrero de

30 yarey que tengo por ahí, ¡y ya está el disfraz! Un guajiro.

LA MUCHACHA: *(Sonriente.)* Me alegro. *(Tiende alguna ropa.)* Si necesitas algo más no tengas pena.[17]

LA VECINA: Ay, sí, vieja. Yo siempre digo: Quien necesita, grita.

LA MUCHACHA: ¿Y dónde llevarán al muchacho esta tarde?

35 LA VECINA: A dar una vueltecita,[18] y si hay plata hasta los caballitos. Le compraremos helados, galleticas y tal vez una matraca. ¡Y ya está! Todo lo que él quiere es disfrazarse. Con eso le basta. Cuando se disfraza se cree otra persona. Esta tarde será un guajiro. No te molesto más. Si

◆ ◆ ◆

40 13. «matrimonio… baja» *marriage and death come from heaven (lit., matrimony and the shroud come down from heaven).* 14. A mí… sesos *I rack my brains.* 15. La muy viva *The scoundrel* 16. ¡Ni comprada… tienda! *As good as any bought in the store.* 17. no tengas pena *don't be afraid to ask.* 18. A dar una vueltecita *To take a stroll*

necesito algo volveré. *(Se oyen cantos por la calle y música.)* Caramba, empiezan temprano. *(Comienza a salir. Se vuelve, señala el tendido.)* Se secarán pronto, hay buen sol. Hasta luego y muchas gracias. A lo mejor[19] cosiendo se me ocurre algo para el almuerzo. *(Sale. Comienza a bajar la escalera, se arrepiente y regresa.)* Se me olvidó preguntarte a dónde irás esta noche.

LA MUCHACHA: Me quedaré aquí.

LA VECINA: *(Con asombro.)* ¿Y qué harás entre estas cuatro paredes?

LA MUCHACHA: *(Enumerando cómicamente para crear una atmósfera de vacío.)* Limpiaré el cuarto, me lavaré la cabeza, plancharé una blusita para ir al trabajo el lunes, me sentaré en la butaca, sacaré un crucigrama, me asomaré al balcón, cocinaré, me comeré las uñas. *(Pausa, irónica.)* ¡No tengo un sólo minuto libre!

La VECINA *empieza a gesticular. La música de la calle no deja oír lo que habla. La* MUCHACHA *camina hacia el público reflejando inquietud. Sale la* VECINA. *Se enciende la luz de su cuarto. Saca un costurero y se sienta a coser.*

3

La MUCHACHA *retira el palanganero del centro de la escena. Arregla el cuarto. Quita cosas y las vuelve a colocar en el mismo lugar después de una vacilación. Desviste la cama y la vuelve a vestir. Toma una cacerola y la frota. Impresión de desasosiego.*

LA MUCHACHA: La vecina me dejó la cabeza llena de humo. El cuarto ahora me parece más feo que antes. Quisiera salir esta noche. ¿Podré ir a un baile sin compañero? ¿Y si nadie me saca a bailar? Me tendré que pasar la noche sentada mirando a los otros divertirse. ¿Será peor ir que quedarme? Aquí cierro el balcón y me acuesto a dormir. *(Se sienta en el borde de la cama y saca una galleta de un cartucho y comienza a comerla. Se levanta, se mira al espejo, se peina. Se oye una conga lejana. La* MUCHACHA *comienza a hacer gestos ante el espejo. Cesa la música. Ríe nerviosamente.)*

4

Aparece el VENDEDOR *en la escalera. Máscara de hombre joven. Viste guayabera y trae una maleta grande en la mano. Se detiene ante el cuarto de la* VECINA. *El* VENDEDOR *está indeciso. No sabe si llamar o subir. Levanta la mano para llamar en la supuesta puerta de la* VECINA. *Se detiene. Saca una moneda y la tira al*

◆ ◆ ◆

19. A lo mejor *Perhaps*

aire echando suertes.[20] *Sube y llama a la puerta de la* MUCHACHA. *La* MUCHACHA *corre al espejo, se arregla. Parece preguntarse quién será. El* VENDEDOR *vuelve a llamar. La* MUCHACHA *se quita el delantal, lo deja sobre la cama y abre.*

5   EL VENDEDOR: *(Sonriente, mecánico.)* Buenos días, señora.
LA MUCHACHA: Buenos días. ¿Qué desea usted?
EL VENDEDOR: *(Exagerando como un muñeco.)* Hacerle una demostración. Vendo todo lo que usted necesite.
LA MUCHACHA: ¡Un momento!...
10   EL VENDEDOR: *(Saca una plancha eléctrica.)* Voy a demostrarle la gran calidad, rapidez y eficiencia de esta plancha eléctrica. ¿Tiene ya plancha eléctrica?
LA MUCHACHA: *(Molesta.)* No señor. Y no puedo comprarla tampoco.
EL VENDEDOR: *(En el mismo tono, insistiendo.)* La demostración es la base
15   de la venta. Por ahora no hablemos de dinero. Permítame demostrarle que usted planchará sus ropas fácilmente. Le aseguro que le gustará una plancha como ésta. Con su permiso. ¿Tiene algún inconveniente? No la molestaré demasiado. *(El* VENDEDOR *sin esperar toma la maleta y entra. Se detiene en medio de la habitación.)* ¿Dónde la conecto, señora? *(La*
20   MUCHACHA *indica la bombilla. El* VENDEDOR *coloca la plancha en la mesa y se vuelve con el cordón en la mano.)* ¿Cómo plancha usted sus ropas? *(La* MUCHACHA *muestra una plancha antigua de hierro.)* Usted tiene que hacer mucho esfuerzo. Ésta es una plancha rápida y segura. Con eso se pueden quemar sus vestidos. Con esta, jamás. Fíjese, tiene dónde gra-
25   duar el calor de acuerdo con la tela que vaya a planchar. Acérquese para que pueda verlo mejor. *(La* MUCHACHA *se acerca.)* Este botón marca el calor para el hilo, el algodón, la seda... Además, la ventaja más importante: cuando se calienta lo suficiente ella misma se detiene ¡sin que usted tenga que preocuparse!
30   LA MUCHACHA: Vuelva el próximo mes.
EL VENDEDOR: ¿Le gusta o no la plancha?
LA MUCHACHA: Usted convence pero no puedo comprarla.
EL VENDEDOR: No se preocupe por el dinero. ¡Ya pagará! Hay mil oportunidades, a plazos, sin entrada.[21] Aquí mismo se la dejo si quiere. Le
35   aseguro que su esposo no se disgustará.
LA MUCHACHA: Soy soltera.
EL VENDEDOR: *(Cambiando repentinamente de tono, insinuante.)* Ah, es usted soltera. *(Mirándola con picardía.)* ¿Tiene novio?
LA MUCHACHA: *(Cómica.)* Soltera y sin compromiso.
40   EL VENDEDOR: ¿Pero es posible que tanta belleza no encuentre su admirador ? El mundo anda confuso.

◆ ◆ ◆

20. Saca... suertes. *He takes out a coin and flips it in the air choosing heads or tails.*
21. a plazos, sin entrada *in installments, with no down payment.*

LA MUCHACHA: Ya lo ve usted. *(Se insinúa sutilmente.)* Gracias por el piropo.

EL VENDEDOR: Cuando toqué a la puerta creí que me encontraría una señora casada, gorda y con cinco hijos, ¡y mire lo que vengo a encontrarme! ¡Vaya sorpresa! 5

LA MUCHACHA: *(De repente, estremeciéndose.)* No juegue.

EL VENDEDOR: *(En el tono anterior.)* Se me olvidaba decirle algo muy importante. ¡Esta plancha es la más rápida que se conoce! *(Quita la bombilla. Coloca un tomacorriente.)*

LA MUCHACHA: Dígame lo más importante: ¿cuánto cuesta? 10

EL VENDEDOR: Muy barata.

LA MUCHACHA: ¿Cuánto ?

EL VENDEDOR: Quince pesos.

LA MUCHACHA: Muy cara.

EL VENDEDOR: Cuando usted vea lo rápida que es, lo eficiente. *(Se* 15 *dispone a conectarla.)*

Entra la VECINA.

<h1 style="text-align:center">5</h1> 20

LA VECINA: ¿Se puede ? ¡Ya estoy adentro! Oye querida, se me acabó el hilo en lo mejor de la costura. *(Muestra un carretel vacío.)* ¿Tú no tienes por ahí un carretelito sobrante?

LA MUCHACHA: Déjame ver. *(Va hacia el fondo rápidamente con cierto* 25 *malestar. Registra en una gaveta.)* Vaya, qué casualidad. Del mismo color de la tela.

LA VECINA: Cualquier color me viene bien. Si el hilo no está podrido…

LA MUCHACHA: *(Sonriente.)* Hace poco que lo compré.

LA VECINA: *(Que ve al* VENDEDOR, *se coloca la mano en la cara como si fuera a* 30 *pregonar.²²)* ¡Oye, de dónde salió esto!

EL VENDEDOR: *(Ceremonioso.)* Vendedor ambulante.

LA VECINA: *(Voceando.)* ¡Está entero!²³

EL VENDEDOR: Gracias.

LA VECINA: Tú no tienes que decir ni media palabra. Eso es así. Naciste y 35 nada más. A unos belleza y a otros… Es el tormento mayor. ¡Ponte un azabache,²⁴ muchacho, un azabache!

LA MUCHACHA: *(Regresando.)* Puede gastarlo todo.

◆ ◆ ◆

22. como si… pregonar *as if she were going to call out (like an announcer).*
23. ¡Está entero! *He's all there, he's the real thing!* 24. Ponte un azabache *There is a popular belief in Cuba that a piece of jet protects the wearer from the evil eye. The implication here is that the Vendedor is so handsome that others would be jealous.*

LA VECINA: Oye, tú nunca fallas. *(Retirándose hacia la puerta.)* Se me olvidó decirte la otra vez que hice un pudín de pan. Mi marido me dijo que estaba de lo más bueno. Tuve que esconderlo de Juanito porque si no lo acaba.[25] *(Regresa y se sienta.)* Te lo traeré para que lo pruebes.

5 LA MUCHACHA: Qué bueno. Con lo que me gusta el pudín.[26]

EL VENDEDOR: *(Interrumpiendo.)* ¿Dónde cocina usted sus pudines?

LA VECINA: En la candela.

EL VENDEDOR: Pero ¿dónde?

LA VECINA: En la candela.

10 LA MUCHACHA: Tenemos el mismo fogón.

LA VECINA: Ah , ya sé lo que usted quiere, joven. Mire, se lo explicaré. Se coloca el pudín en una cazuela, se tapa y encima se le ponen unas brasitas de carbón. Ahí está el detalle, en las brasitas. Ni muchas ni pocas, suficientes.

15 EL VENDEDOR: Tengo un horno para usted.

LA VECINA: ¡Ya salió el vendedor! Mucho había esperado. Mire joven, ni casa en el Vedado,[27] ni Cadillac a la puerta, ni horno. De eso nada y de lo otro cero. A esta que está aquí, ¡no le tocó![28] Mi abuela cuando le preguntaban: ¿cómo está, señora?, siempre decía: «Aquí, cubierta de

20 tierra».

EL VENDEDOR: Conozco mucha gente que trabajando logró lo que quería. Lo que hay que tener es voluntad.

LA VECINA: No me hagas reír que tengo el labio partido de esperar.[29] Mi marido ha trabajado toda su vida, ¿y sabes cómo morirá? ¡Reventado!

25 LA MUCHACHA: ¡Qué exageración!

EL VENDEDOR: La gente se hace su propia vida.

LA VECINA: La vida es como ir al cine de la esquina. Oscuridad, allá en el fondo una lucecita y mucho parpadeo. Mano que coge pierna, pierna que coge mano.[30] De vez en cuando se rompe la cinta y la gente chifla.

30 Algunos se quedan con la boca abierta sin saber qué hacer. Mucha gente, y no conoces a nadie. *(Pausa. A la* MUCHACHA.*)* Todavía no sé lo que haré de almuerzo. No se me ocurre nada. Tengo la cabeza vacía.

LA MUCHACHA: Carne con papas y arroz blanco.

LA VECINA: ¡Estás iluminada hoy! Eso mismo. Resuelto el problema. Y

35 usted ¿qué piensa, joven?

EL VENDEDOR: Tal vez tenga razón.

LA VECINA: El cliente siempre tiene la razón.

EL VENDEDOR: Un horno para sus pudines le dará la razón.

LA VECINA: Déjeme la razón y quédese con el horno.

◆ ◆ ◆

25. si no lo acaba *otherwise he would finish it off.* 26. Con... pudín. *The way I like pudding!* 27. Vedado *a section of Havana, formerly costly and exclusive.* 28. A ésta... tocó! *I don't have that kind of luck.* 29. tengo... esperar *I'm worn out from so much waiting.* 30. Mano... mano. *Grab a hand here and a leg there.*

EL VENDEDOR: Es muy económico. Tengo unos plazos tentadores…
LA VECINA: No me tientan.
EL VENDEDOR: Si no es un horno puede ser una plancha. Mire ésta. Ella
está interesada en comprarla. Calidad por todas partes. Me disponía a
hacerle una demostración cuando usted entró.   5
LA VECINA: No gaste energías por gusto.[31]
EL VENDEDOR: Vea esta maravillosa cocinita de dos hornillos. Muy bara-
ta. No tizna los cacharros.[32] Le doy un precio especial.
LA VECINA: *(Sin oír al* VENDEDOR.*)* ¿Por qué no vas a bailar a la Tropical?
Allí una se divierte. Siempre está así… *(Gesto que indica mucha gente.)* Te   10
aseguro que encontrarás quien te saque a bailar…
LA MUCHACHA: No, mi amiga. Me quedaré en casa. Iré otro día.
EL VENDEDOR: *(A la* VECINA.*)* ¿No le interesa la plancha? *(Saca un venti-*
lador pequeño.) ¿Y este ventilador? Estamos casi en verano y el calor
mata a cualquiera. *(Saca una olla de presión.)* ¿Y de esto qué me dice?   15
Ablanda los frijoles en cinco minutos. No hay ninguno que se resista.
LA VECINA: ¡Deténgase!
EL VENDEDOR: *(Saca un radio.)* Para que su marido escuche la pelota y
usted las novelas.[33]
LA VECINA: *(Gritando.)* ¡Nunca compraré nada a vendedores ambulantes!   20
¡Nunca jamás! Todo lo que venden es malísimo. Lo que no se puede
vender en la tienda porque no hay nadie que lo compre se lo dan a
ustedes. ¡Malísimo todo!
EL VENDEDOR: No diga tonterías. No sabe lo que dice.
LA VECINA: Tengo experiencia.   25
LA MUCHACHA: La plancha parece buena.
LA VECINA: ¡No la compres!
EL VENDEDOR: Guárdese sus recomendaciones. Me está quitando la
comida.
LA VECINA: Si ella la compra perderá su dinero.   30
LA MUCHACHA: *(Conciliadora.)* Si se rompe puedo devolverla.
LA VECINA: Pero te cogen la primera mensualidad y no te la devuelven.
EL VENDEDOR: *(Recoge las cosas y las va colocando en la maleta.)* Usted habla
por hablar.[34]
LA VECINA: Usted vende por vender.   35
EL VENDEDOR: No se meta en lo que no le importa.
LA VECINA: Ella es amiga mía.
LA MUCHACHA: Pero esta discusión…
LA VECINA: No estoy discutiendo. Te advierto solamente…

◆ ◆ ◆

31. *No… gusto. Don't use up your energy for pleasure; i.e., don't waste your time.*
32. *No… cacharros. It doesn't burn the pots.*   33. *las novelas radio soap operas*
34. *habla por hablar talk just for the sake of talking.*

EL VENDEDOR: Qué experiencia ni qué niño muerto.[35] Nunca compró nada.

LA VECINA: Otros compraron por mí.

EL VENDEDOR: Nunca he engañado a nadie. Doy garantías. Se firma un
5   contrato.

LA MUCHACHA: Vecina, creo que exageras.

LA VECINA: Como quieras. Pero oye bien lo que te digo: mi suegra compró un reloj y al mes no le caminaba.[36] Tuvo que devolverlo y se quedaron con su dinero. El vendedor ambulante desapareció. Pero aquí
10   no acaba la cosa. Resulta que reloj y vendedor cayeron por casa[37] de mi prima, ¡y le pasó lo mismo! No compres nunca un reloj de pulsera. Todos los relojes de pulsera que venden los ambulantes son el reloj de mi suegra.

EL VENDEDOR: Usted es una mentirosa. Una enredadora. Quiere con-
15   vencerla y hundir el negocio. Pero cállese, cállese.

LA VECINA: Soy capaz de llamar a mi suegra. *(A la* MUCHACHA.*)* Tú conoces a mi prima. Cuando venga le diré que te lo cuente. Oyeme bien: no compres nada. Tú no tienes quien te defienda. Y ahora me voy. No quiero que me vaya a dar una embolia[38] aquí. *(Sale con grandes aspavientos.)*
20   EL VENDEDOR: ¡Ojalá se le queme el arroz!

LA VECINA: *(Desde su cuarto.)* ¡Nunca!

6

25   EL VENDEDOR: Le ruego que me disculpe. Pero esa mujer me saca de quicio.[39] Es terrible. *(Pausa.)* Cuando salgo de casa a vender me digo: «Paciencia, paciencia». Así es como único puedo vender algo.[40]

LA MUCHACHA: Ella discute por cualquier cosa. En el patio se pasa el día sermoneando a diestra y siniestra.[41] Su marido es el primero en recono-
30   cerlo. Por favor, no crea que es un mal vendedor. Hay que tener fe. ¡Voy a comprarle la plancha!

EL VENDEDOR: *(La mira profundamente.)* Le aseguro que mi mercancía es de calidad. ¡Se lo garantizo!

LA MUCHACHA: *(Con picardía.)* ¿No desaparecerá como en el cuento de la
35   vecina? A lo mejor se convierte en el Hombre Invisible.

EL VENDEDOR: ¡Le juro que no! Le daré mi dirección. *(En otro tono, melancólico.)* Si supiera, aún no había hecho la cruz.[42] Ésta es mi primera venta y tal vez la única…

◆ ◆ ◆

35. Qué… muerto. *Experience my foot!*   36. al… caminaba *in a month it didn't work.*   37. cayeron por casa: llegaron a casa   38. No quiero… embolia *I don't want to have a stroke.*   39. me saca de quicio *drives me crazy.*   40. Así es… algo. *That's the only way I can sell anything.*   41. a diestra y siniestra *right and left.*   42. aún no había hecho la cruz *I still hadn't made a dime.*

LA MUCHACHA: ¿Pensará lo mismo que la vecina? Vamos, hay que seguir adelante y luchar.

EL VENDEDOR: Terminaré mi demostración. *(Conecta la plancha y la coloca sobre la mesa, íntimo.)* ¿Y tú dónde trabajas?

LA MUCHACHA: En un taller de costura. 5

EL VENDEDOR: ¿Y te gusta?

LA MUCHACHA: Vivo de eso. De niña me gustaba mucho coser. Así aprendí, como jugando. Cuando vine a La Habana fue lo primero que encontré y ahí estoy. Ya no me gusta tanto como antes. Antes yo hacía lo que quería, lo que se me ocurría coser. Ahora no me hago ni mis pro- 10 pios vestidos. Me aburre. Me paso el día haciendo lo que le conviene al dueño.

EL VENDEDOR: ¿Ocho horas sin salir?

LA MUCHACHA: Ocho horas sentada frente a una máquina de coser.

EL VENDEDOR: No puedo estar mucho tiempo en el mismo sitio. Por eso 15 me gusta algo mi trabajo. Voy de un lado al otro. Si quiero tomarme un café, nadie me lo impide. Además, me gusta el riesgo, el temor de no vender nada en todo el día. Saber que si no vendo me muero de hambre y salir a la calle con el corazón en la boca. *(Toca la plancha.)* ¡Ya está caliente! 20

La MUCHACHA *toca la plancha y se quema. Se coloca el dedo en los labios y retrocede. El* VENDEDOR *está detrás y se juntan sus cuerpos. Él la toma por los hombros. Quedan así un instante. La* MUCHACHA *se vuelve lentamente entre los brazos del* VENDEDOR. *Se miran. Vacilan. Se besan. El* VENDEDOR *mientras tanto* 25 *desconecta la plancha.*

LA MUCHACHA: Parece que vuelvo a verte. No eres el hombre que entró hace un momento.

EL VENDEDOR: Tú tampoco eres la misma. Me gustas. Hace un rato no 30 eras más que un cliente, casi una sombra. Tendrás que contarme tu vida, dónde pasaste la infancia, todas esas cosas que se dicen. ¿Has estado muy sola?

LA MUCHACHA: *(Mirándolo.)* Sola, sola, sola...

EL VENDEDOR: Yo andaba por ahí con mi maleta y mis planchas eléctri- 35 cas. *(Pausa.)* Ah, qué sé yo... No sé. Algo me faltaba. Si supiera cómo decírtelo... *(Acariciándola.)*

LA MUCHACHA: Abrázame. Me gusta tocar tu cuerpo. Nunca pensé que fueras así.

EL VENDEDOR: No. Es un sueño. *(Se escucha una conga lejana.)* Ves, la gente 40 quiere ser feliz. Es lo único que quiere. ¿Saldrás conmigo esta noche?

LA MUCHACHA: Siempre estaré contigo. Llévame donde quieras.

EL VENDEDOR: Iremos a ese baile. Hace un rato dijiste que no tenías con quién ir... Te recogeré a las nueve. ¿Ves con qué seguridad hablo?

Nada en el mundo nos podrá separar.

LA MUCHACHA: ¡Qué lejos está aún la noche!

EL VENDEDOR: Toma, es tuya. *(Le da la plancha.)* Plancharás con ella el vestido para esta noche. Es mi primer regalo.

La MUCHACHA *coge la maleta del* VENDEDOR *y la esconde bajo la mesa. Se apoya en la puerta. Lo invita a salir con un gesto. El* VENDEDOR *sale y repite su llamada. La* MUCHACHA *repite sus movimientos anteriores. Como si todo se repitiera, pero en otro sentido. Abre.*

EL VENDEDOR: Buenos días.

LA MUCHACHA: Buenos días.

7

Bajan la escalera. Aparece la VECINA. *La* MUCHACHA *cambia su máscara por la de ella. Entra en el cuarto de la* VECINA *y sigue cosiendo o barriendo. La luz del plano alto se apaga lentamente, mientras la* VECINA, *con la máscara de la* MUCHACHA, *canta. El* VENDEDOR *sale, después de cambiar su máscara por la del* MARIDO *de la* VECINA. *Queda la luz encendida del cuarto de la* VECINA *y el resto de la escena a oscuras. Aparece el marido de la* VECINA *en el cuarto.*

LA MUCHACHA: Te digo que es imposible vivir así. Nunca se sabe si te darán trabajo. ¿Vas a ir hoy? *(El* MARIDO *asiente.)* Bueno, trabajar todos los días está bien, pero ir a buscar todos los días y no encontrar... Sí, ya sé. Hay que esperar... ¿Está bueno el café? Me imagino... ¿No te parece que ya va siendo hora de que las cosas cambien?

TELÓN LENTO

Ejercicios

a. preguntas

1. ¿Cuál es la diferencia que se nota entre la habitación de la Muchacha y la de la Vecina?
2. ¿Qué usan (llevan) la Muchacha, el Vendedor, la Vecina, y su Marido?
3. ¿De qué se queja la Vecina en la primera escena?
4. ¿Qué es lo que quiere el hijo de la Vecina?
5. Según la Vecina, ¿con qué puede hacer el disfraz para su hijo?
6. Al salir la Vecina, ¿cómo deja a la Muchacha?
7. ¿Cómo decide el Vendedor a cúal puerta debe ir primero?
8. ¿Cómo reacciona el Vendedor al saber que la Muchacha no está casada?
9. ¿Cuál es el piropo que le echa el Vendedor a la Muchacha?
10. ¿Con qué propósito vuelve la Vecina al cuarto de la Muchacha?
11. Según la Vecina, ¿por qué nunca debe la Muchacha comprar un reloj de pulsera a un Vendedor ambulante?
12. ¿Por qué decide la Muchacha comprarle la plancha al Vendedor después de todo?
13. ¿Qué efecto tienen en el Vendedor y la Muchacha las preguntas que ellos se hacen?
14. ¿En qué momento se ve un gran cambio de actitud entre la Muchacha y el Vendedor?
15. ¿Qué significado tiene la pregunta con la cual se concluye el drama?

b. temas

1. La función de las máscaras que usan los personajes.
2. La personalidad de la Vecina.
3. La importancia de la escenografía en el drama.
4. Las reacciones entre la Muchacha y el Vendedor.
5. El papel que tiene el destino en esta obra.
6. El simbolismo de la escena final.
7. La repetición como elemento formal del drama.
8. La función y la "realidad" del tiempo en la obra.

◆ ◆ ◆

c. puestas en escena

1. Al volver el Marido de la Vecina de su trabajo, ésta muy probablemente le habló del Vendedor y de su visita al apartamento de la Muchacha. Junto con otro alumno, escriba y presente el diálogo que pudiera haber ocurrido.

2. Para el final de la obra es obvio que el Vendedor se ha casado con la Muchacha, y que sus vidas son iguales a las de la Vecina y su Marido. Junto con otro estudiante, imagine, escriba y presente un diálogo entre la Vecina y la Muchacha o entre el Vendedor y el Marido comentando su vida matrimonial y sus respectivos esposos.

El censo

◆ ——————————————*Emilio Carballido*

*B*orn in Córdoba in the Mexican state of Veracruz in 1925, Emilio Carballido is one of Spanish America's foremost contemporary play-wrights. He is the winner of a number of national and international drama prizes, and several of his plays have been produced professionally in English in the United States. Carballido attended the National Autono-mous University of Mexico and has taught drama and playwriting there and at other Mexican and North American universities. He has also writ-ten a number of film scripts and has published several novels and collec-tions of short stories. His earliest plays were a deliberate effort to break the routine of domestic drama and provincial local color which dominat-ed the Mexican stage. Later works, influenced by his wide travels, demonstrate a considerable awareness of European, North American, and Asian theater. All his work testifies to the restlessness of the creative drive that never permits him to settle into repetitive routine.

This versatility and the quantity of his productions make Carba-llido's theater extremely difficult to categorize. Formally, it includes a broad spectrum of dramatic types, from farce through idiosyncratic ver-sions of classical tragedy; thematically, it ranges from the psychological realism of the early plays to fantasy, which has become increasingly important. Throughout, there is a thread of criticism of society's deaden-ing effect on the individual, and several recent plays have taken a strong feminist approach. At the same time, humor is a major element in his work. Carballido speaks to the maintenance of the human being against the eroding effects of a dehumanized world, but his plays are kept from falling into propaganda by a lively sense of the ridiculous and an unem-barrassed love for people, regardless of their foibles.

El Censo, first published in 1957, was written originally as an exer-cise for a course in acting and directing. Technically, it is farce, a short comic play whose characters are types rather than carefully developed individuals, and whose broad humor depends primarily on externals or slapstick rather than on subtler wit or humor of character. The somewhat askew humor and refreshingly mad vision of society's demands in *El Censo* are typical of its author, as is its refusal to engage in empty denunci-ations of bewildered people unable to cope with the complexities of mod-ern life. As always, however, there is a strand of acute social commentary, as seen in the author's footnote concerning the notorious inadequacy of Mexican census statistics. Further, as does any good play, *El Censo* raises a series of questions not always easy to answer. The census taker *(El Empa-*

dronador) and the seamstresses are broad comic characters, but does this detract from the inference that they are also victims of a society which cares little for those not wealthy and powerful? What is the role of Paco, as an individual and as a man, in an extremely male-dominant society? To what extent is the play primarily comic and to what extent is it an attack on social abuses? And even more, in what measure are the characters responsible for their own blunders and suffering? None of these questions are easily answered, but they demonstrate the provocative nature of a seemingly simple play.

1. What is a farce, and how may *El censo* be considered a farce?
2. How does *El censo* combine humor with social criticism?

El censo

personajes

5   Remedios
Dora
Herlinda
Concha
El Empadronador
10 Paco

Lugar: *Una vivienda en el rumbo de La Lagunilla, 1945*[1]

DORA *es gorda y* HERLINDA *flaca.* CONCHA *está rapada y trae un pañuelo*
15 *cubriéndole el cuero cabelludo.*[2] EL EMPADRONADOR *es flaco y usa lentes; tiene*
cara y maneras de estudiante genial.
Habitación de una vivienda pobre, convertida en taller de costura. Es tam-
bién recámara. Tiene una cama de latón al fondo, muy dorada y muy desvencija-
da, con colcha tejida y cojines bordados.[3] *Un altarcito sobre ella, con veladoras y*
20 *Virgen de Guadalupe.*[4] *Cuatro máquinas de coser. Ropero con lunas*[5] *baratas, que*
deforman al que mire en ellas. El reloj (grande, de doble alarma) está en el buró.
REMEDIOS *está probándose un vestido. Es una señora generosamente des-*
proporcionada por delante y por detrás. DORA *la ayuda;* HERLINDA *corta telas*
sobre la cama; CONCHA *cose en una de las máquinas. La ropa anteriormente usada*
25 *por doña* REMEDIOS *cuelga de una silla.*

REMEDIOS: Pues... Me veo un poco buchona,[6] ¿no?
DORA: *(Angustiada.)* No, doña Remedios. Le queda muy bien, muy
elegante.
30 HERLINDA: Ese espejo deforma mucho. Tenemos que comprar otro.
REMEDIOS: ¿No se me respinga de atrás?[7]
CONCHA: Sí.

◆ ◆ ◆

1. A quienes juzguen inverosímil esta comedia, recomendamos leer en los
periódicos el resultado del censo de 1960, en Guadalajara; según el cual sólo
alguna plaga fulminante podría explicar el decrecimiento de los habitantes en
una ciudad que obviamente parece mucho más poblada que diez años atrás.
[Nota del autor.] *La Lagunilla is a poor district of the capital.*   2. cuero cabelludo: piel del cráneo   3. cama... bordados *brass bed in the background, very*
shiny and rickety, with a knitted quilt and embroidered cushions   4. Virgen de
Guadalupe *The Virgin Mary appeared to an Indian early in the sixteenth century on*
a hill to the north of Mexico City. The place of the appearance is now the site of a
church and chapel and is widely regarded by Mexicans as capable of miraculous
cures. The Virgin of Guadalupe is the patroness of Mexico.   5. lunas: espejos
6. buchona: gorda   7. ¿No... atrás? *Doesn't it ride up in back?*

REMEDIOS: ¿Verdad?
HERLINDA: No se le respinga nada. Esta Concha no sabe de modas.
REMEDIOS: Pues yo me veo un respingo...

HERLINDA va y da a la falda un feroz tirón hacia abajo.   5

HERLINDA: Ahora sí. Muy bonito. Realmente nos quedó muy bonito.
DORA: Es un modelo francés.

Tocan el timbre. DORA va a abrir.   10

REMEDIOS: Pues creo que sí está bien. ¿Cuánto falta darles?
HERLINDA: Doce pesos.
REMEDIOS: Me lo voy a llevar puesto.
                                                                             15

Vuelve DORA , aterrada.

DORA: ¡Ahí está un hombre del gobierno!
HERLINDA: ¿Qué quiere?
DORA: No sé.   20
HERLINDA: Pues pregúntale.
DORA: ¿Le pregunto?
HERLINDA: Claro.

Sale DORA.   25

HERLINDA: ¿Cuándo se manda a hacer otro?
REMEDIOS: Pues anda pobre la patria.[8] A ver.
HERLINDA: Doña Remedios, nos llegaron unas telas preciosas. No tiene
usted idea.   30
REMEDIOS: ¿Sí?
HERLINDA: Preciosas. Hay un brocado amarillo... *(Abre el ropero.)* Mire,
palpe. Pura seda.
REMEDIOS: Ay, qué chula está. ¿Y esa guinda?
HERLINDA: Es charmés de seda. Me las trajeron de Estados Unidos. A   35
nadie se las he enseñado todavía.

CONCHA dice por señas que no es cierto. «Que va, son de aquí». REMEDIOS la ve,
sorprendidísima.
                                                                             40

REMEDIOS: ¿De Estados Unidos?

◆ ◆ ◆

8. anda... patria *things aren't going very well.*

CONCHA *insiste: «no, no, de aquí».*

HERLINDA: Sí. Me las trae un sobrino, de contrabando.

5 *Entra* DORA, *enloquecida.*

DORA: ¡Que lo manda la Secretaría de Economía, y ya averiguó que cosemos! ¡Esconde esas telas!
HERLINDA: ¡Cómo!
10 DORA: Trae muchos papeles.
REMEDIOS: ¡Papeles! Ay, Dios, lo que se les viene encima. ¿Ustedes no están registradas?[9]
DORA: ¿En dónde? Ah, no, doña Remedios, figúrese.
HERLINDA: *(Codazo.)* Claro que sí, sólo que Dora no sabe nada, siempre
15 está en la luna.
DORA: Ah, sí, sí estamos.
REMEDIOS: Leí que ahora se han vuelto muy estrictos. Pobres de ustedes. Ya me voy, no me vayan a comprometer en algo. Adiós, ¿eh? ¡Qué multota se les espera! *(Sale. Se lleva su otro vestido al brazo.)*
20 HERLINDA: Qué tienes que informarle a esta mujer...
DORA: Virgen, ¿qué hacemos?
HERLINDA: ¿Lo dejaste allá afuera?
DORA: Sí, pero le cerré la puerta.
HERLINDA: Tú eres nuestra sobrina, ¿lo oyes?
25 CONCHA: Yo no, qué.
HERLINDA: Las groserías para después. Tú eres nuestra sobrina, y aquí no hacemos más ropa que la nuestra...
DORA: ¿Y el letrero de la calle?
HERLINDA: Y la de nuestras amistades. Y ya.
30 DORA: Ay, yo no creo que...
HERLINDA: ¡Esconde ese vestido! *(El de la cama.)*

Toquidos en la puerta.

35 EL EMPADRONADOR: *(Fuera.)* ¿Se puede?
DORA: *(Grita casi.)* ¡Ya se metió! *(Y se deja caer en una silla.)*

HERLINDA *duda un instante. Abre.*

40 HERLINDA: *(Enérgica.)* ¿Qué se le ofrece, señor?
EL EMPADRONADOR: *(Avanza un paso.)* Buenas tardes. Vengo de la...

◆ ◆ ◆

9. lo que... registradas *what's in store for you. Don't you have a license?*

HERLINDA: ¿Puede saberse quién lo invitó a pasar?

EL EMPADRONADOR: La señora que salía me dijo que...

HERLINDA: Porque esta es una casa privada y entrar así es un... ama - a - llamamiento[10] de morada.

EL EMPADRONADOR: La señora que salía me dijo que pasara y... 5

HERLINDA: ¡Salga usted de aquí!

EL EMPADRONADOR: Oiga usted...

DORA: ¡Ay, Dios mío!

HERLINDA: *(Gran ademán.)* ¡Salga!

EL EMPADRONADOR: *(Cobra ánimos.)* Un momento, ¿echa usted de su casa a 10 un empadronador de la Secretaría de Economía? ¿Y en frente de testigos?

HERLINDA: No, tanto como echarlo, no. Pero... ¡yo no lo autoricé a entrar!

EL EMPADRONADOR: Mire: estoy harto. El sastre me amenazó con las tijeras, en la tortillería me insultaron. ¿Ve usted estas hojas? Son actas de consignación. Si usted se niega a recibirme, doy parte.[11] 15

HERLINDA: ¿Pero qué es lo que quiere?

EL EMPADRONADOR: Empadronarlas. ¿Qué horas son? *(Busca el reloj.)* ¡Es tardísimo! *(De memoria, muy aprisa.)* En estos momentos se está levantando en toda la República el censo industrial, comercial y de transportes. Yo soy uno de los encargados de empadronar esta zona. 20 Aquí en la boleta dice *(se apodera de una mesa, saca sus papeles)* que todos los datos son confidenciales y no podrán usarse como prueba fiscal o...

HERLINDA: Entonces esto es del fisco.

EL EMPADRONADOR: ¡No, señora! ¡Todo lo contrario! *(Aprisa.)* La Dirección General de Estadística y el Fisco no tienen nada que ver. Un 25 censo sirve para hacer...

HERLINDA: Pero usted habló del Fisco.

EL EMPADRONADOR: Para explicarle que nada tienen que ver...

HERLINDA: *(Amable, femenina.)* Pues esto no es un taller, ni... Mire, la jovencita es mi sobrina... *(Por lo bajo, a DORA.)* Dame cinco pesos. *(Alto.)* 30 Es mi sobrina, y la señora es mi cuñada, y yo...

DORA: ¿Que te dé qué?

HERLINDA: *(Con los dedos hace "cinco".)* Somos una familia, nada más.

CONCHA *niega con la cabeza.* EL EMPADRONADOR *no la ve.* 35

EL EMPADRONADOR: *(Preparando papeles y pluma.)* Un tallercito familiar...[12]

◆ ◆ ◆

10. *In her panic, Herlinda mispronounces* allanamiento, *housebreaking.*
11. doy parte *I'll report you.*   12. En el barrio de La Lagunilla, abundaban en esa época los talleres clandestinos de costura, que explotaban un personal oscilante entre las 4 o 6 y las 40 o 50 trabajadoras. En la actualidad es casi seguro que no se encuentre en el rumbo uno solo de estos talleres (Habrán cambiado de dirección). [Nota del autor.]

HERLINDA: *(Menos, por lo bajo.)* ¡Cinco pesos!
DORA: Ah. *(Va al ropero.)*
HERLINDA: No, taller no... ¡Dora! *(Se interpone entre* DORA *y el ropero.)* Si ni
vale la pena que pierda el tiempo...
5   DORA: *(Horrorizada de lo que iba a hacer.)* Ay, de veras. Pero ... *(Azorada, ve
a todos.)* Concha, ¿no tienes... ? ¿Para qué quieres cinco pesos?
HERLINDA: *(Furiosa.)* ¡Para nada!
DORA: A ver si Paco... *(Sale.)*
HERLINDA: Es muy tonta, pobrecita. Perdóneme un instante. *(Sale tras la
10   otra.)*

CONCHA corre con EL EMPADRONADOR.

CONCHA: Sí es un taller, cosemos mucho. Y aquí, mire, esto está lleno de
15   telas, y las venden. Dicen que son telas gringas, pero las compran en La
Lagunilla. Me pagan re mal,[13] y no me dejan entrar al Sindicato. ¿Usted
me puede inscribir en el Sindicato?
EL EMPADRONADOR: No, yo no puedo, y... No sé. ¿Qué sindicato?
CONCHA: Pues... no sé. Si supiera me inscribiría yo sola. ¿Hay muchos
20   sindicatos?
EL EMPADRONADOR: Sí, muchos. De músicos, de barrenderos, de...
choferes, de... Hay muchos.
CONCHA: Pues no. En esos no...
EL EMPADRONADOR: *(Confidencial.)* A usted le ha de tocar el de
25   costureras.[14]
CONCHA: Ah, ¿sí? Déjeme apuntarlo. Nomás entro y me pongo en huel-
ga. Esa flaca es mala. Ayer corrió a Petrita porque su novio la...
(Ademán en el vientre.) Y ya no podía coser. Le quedaba muy lejos la
máquina. Y a mí, me obligó a raparme. Figúrese, dizque tenía yo pio-
30   jos. Mentiras, ni uno. Pero me echó D.D.T. , ¡y arde!
EL EMPADRONADOR: Ah, ¿y no tenía? *(Retrocede, se rasca nerviosamente.)*
CONCHA: Ni uno.

Entra HERLINDA.
35

HERLINDA: ¿Qué estás haciendo ahí?
CONCHA: Yo, nada. Le decía que aquí no es taller.
HERLINDA: Bueno, joven *(le da la mano)*, pues ya ve que esta es una casa de-
cente y que... *(Le sonríe como cómplice, le guiña un ojo.)* Que todo está bien.
40   EL EMPADRONADOR: ¿Y esto? *(HERLINDA le puso en la mano un billete.)*
¿Diez pesos?

◆ ◆ ◆

13. re *very* (re *is used as an expletive to strengthen another word).*   14. A usted...
costureras. *You probably should be in the seamstresses' union.*

HERLINDA: Por la molestia. Adiós. Lo acompaño.
EL EMPADRONADOR: Oiga, señora...
HERLINDA: Señorita, aunque sea más largo.
EL EMPADRONADOR: Señorita, esto se llama soborno. ¿Qué se ha creído?
Tenga. Con esto bastaba para que levantara un acta[15] y la encerraran en   5
la cárcel. Voy a hacer como que no pasó nada, pero usted me va a dar
sus datos, ya. Y aprisa, por favor. *(Ve el reloj, se sienta, saca la pluma.)*

A HERLINDA *le tiemblan las piernas; se sienta en una silla. Ahora sí está aterrada.*
                                                                                10
EL EMPADRONADOR: ¿Razón social?
HERLINDA: ¿Cómo?
EL EMPADRONADOR: ¿A nombre de quién está esto?
HERLINDA: No está a nombre de nadie.
EL EMPADRONADOR: ¿Quién es el dueño de todo esto?   15
HERLINDA: El jefe de la casa es Francisco Ríos.
EL EMPADRONADOR: *(Escribe.)* ¿Cuánta materia prima consumen al año?
HERLINDA: *(Horrorizada.)* ¡Materia prima!
EL EMPADRONADOR: Sí. Telas, hilos, botones. Al año, ¿cuántos carretes
de hilo usarán?   20
HERLINDA: Dos, o tres.
EL EMPADRONADOR: ¡Cómo es posible!

Entra DORA, *ve los diez pesos sobre la mesa. Desfallece.*
                                                                                25
DORA: ¡Jesús!
EL EMPADRONADOR: *(Mueve la cabeza.)* Habrá que calcular... ¿Hacen tra-
bajos de maquila?[16]
HERLINDA: No, señor. Cosemos.
EL EMPADRONADOR: Eso es. Pero ¿con telas ajenas? ¿O venden telas?   30
DORA: *(Ofendida, calumniada.)* Ay, no. ¿Cómo vamos a vender telas?
HERLINDA: No vendemos.
EL EMPADRONADOR: ¿Podría ver lo que hay en ese ropero?
HERLINDA: ¿Ahí?
EL EMPADRONADOR: *(Feroz.)* Sí, ahí.   35
HERLINDA: Nuestras cosas : ropa, vestidos...
DORA: *(Pudorosa.)* Ropa interior.
HERLINDA: Comida.
EL EMPADRONADOR: ¿Comida?
HERLINDA: Cosas privadas.   40

◆ ◆ ◆

15. Con... acta *That would be enough to file a complaint.*   16. trabajos de
maquila *a system whereby an artisan works with another's materials in exchange for
a percentage of the finished product.*

EL EMPADRONADOR: Bueno, pues déjeme verlas. *(Truculento.)* Eso está lleno de telas, ¿verdad?

DORA grita. Pausa.

5

HERLINDA: *(Ve a* CONCHA.*)* ¡Judas!

CONCHA se sonríe, baja la vista. DORA *empieza a llorar en silencio.* HERLINDA *se pasa la mano por la frente.*

10

HERLINDA: Está bien. *(Va y abre.)* Aquí hay unas telas, pero son nuestras, de nuestro uso. Y no las vendemos. Son puros vestidos nuestros.

CONCHA hace señas de «mentiras».

15

EL EMPADRONADOR: ¿Cuántos cortes? *(Va y cuenta.)* ¿Treinta y siete vestidos van a hacerse?
HERLINDA: ¡Nos encanta la ropa!

20   *DORA empieza a sollozar, cada vez más alto.*

DORA: Ay, Herlinda, este señor parece un ser humano. ¡Dile, explícale! Señor, somos solas, mi marido está enfermo, no puede trabajar...
CONCHA: Se emborracha.
25   DORA: Mi cuñada y yo trabajamos. Empezamos cosiendo a mano, y ve usted que tenemos buen gusto, a las vecinas les parecieron bien nuestros trabajitos. Ay, señor, nos sangraban los dedos, ni dedal teníamos. Mire estas máquinas, estas telas, así las ganamos, con sangre. ¿Cómo puede usted? *(Se arrodilla.)* Yo le suplico, por su madre, por lo que más
30   quiera... *(Aúlla.)* ¡No nos hunda usted! ¡No podemos pagar contribuciones! ¡Casi no ganamos nada! ¡No podemos! ¡Acepte los diez pesos!
HERLINDA: ¡Dora! ¡Cállate ya!
DORA: ¡Acéptelos! ¡No tenemos más! ¡Se los damos de buena voluntad! ¡Pero váyase, váyase! *(Va de rodillas a la cama y ahí sigue sollozando.)*
35   EL EMPADRONADOR: *(Gritando.)* ¡Pero señora, no entiende! Esto es para Estadística, de Economía. Los impuestos son de Hacienda. Esto es confidencial, es secreto. Nadie lo sabrá. ¿Qué horas son? ¿Dónde pusieron el reloj? ¡Van a dar las dos y no hemos hecho nada! ¡A ver! ¡Contésteme!

40

Más aullidos de DORA, HERLINDA *se seca dignamente dos lágrimas.*

HERLINDA: Pregunte lo que quiera.
EL EMPADRONADOR: Por favor, entienda. ¿Cómo cree que les iba a hacer

un daño? ¡Pero debo entregar veinte boletas cada día y llevo seis! ¡Seis boletas! ¡Y ayer entregué nada más quince! Yo estudio, necesito libros, necesito ropa. Mire mis pantalones. ¿Ve qué valencianas?[17] Mire mi suéter, los codos. Y no quiero que me corran antes de cobrar mi primera quincena.   5

CONCHA: *(Coqueta.)* ¿No tiene un cigarro?

EL EMPADRONADOR: ¡No tengo nada!

Una pausa. Sollozos de DORA. EL EMPADRONADOR *saca un cigarro y lo enciende, inconscientemente.*   10

EL EMPADRONADOR: El censo es… Ya le expliqué, es un… ¡No tiene nada que ver con los impuestos! ¡No les va a pasar nada!

Entra PACO, *adormilado, con leves huellas alcohólicas en su apariencia y voz.*   15

PACO: ¿Qué sucede? ¿Por qué lloran?

EL EMPADRONADOR: Señor. ¿Usted es el jefe de la casa?

PACO: *(Solemne.)* A sus órdenes.

EL EMPADRONADOR: Mire usted, sus esposas no han entendido.   20

HERLINDA: No es harén, señor. Yo soy su hermana.

EL EMPADRONADOR: Eso. Perdón. Mire… ¿Usted sabe lo que es un censo?

PACO: Claro, el periódico lo ha dicho. Un recuento de población. Todos los grandes países lo hacen.   25

EL EMPADRONADOR: *(Ve el cielo abierto.)* Eso es. Y un censo de industria, comercio y transporte, es un recuento de… Eso mismo.

PACO: Sí, claro. Muy bien. ¿Y por eso lloran? No se fije. Son tontas. Concha, tráeme una cerveza.

CONCHA: No soy su gata.   30

PACO: *(Ruge.)* ¡Cómo que no! *(La arrastra por el brazo.)* Toma, y no te tardes. *(Le aprieta una nalga. Intenso.)* Una Dos Equis, fría. *(De mala gana.)* Usted toma una, ¿verdad?

EL EMPADRONADOR: No puedo, trabajando…

PACO: Me imaginé. *(Ruge.)* ¡Anda!   35

CONCHA *sale, muerta de risa.*

EL EMPADRONADOR: Los datos del censo son confidenciales. La Dirección General de Estadística es una tumba, y yo otra. Nadie sabrá lo que aquí 40 se escriba.

◆ ◆ ◆

17. valencianas *trouser cuffs; here, an indication that the trousers are old and out of fashion.*

PACO: ¿Y para qué lo escriben, entonces?
EL EMPADRONADOR: Quiero decir... Lo saben en Estadística.
PACO: Como pura información.
EL EMPADRONADOR: Sí.
5 PACO: Nada personal.
EL EMPADRONADOR: Nada. Todo se convierte en números.
PACO: Archivan los datos.
EL EMPADRONADOR: Sí.
PACO: Y se los mandan al fisco.
10 EL EMPADRONADOR: Sí. ¡No! Pero... usted entendía. *(Azota los papeles.)*
Usted sabe lo que es un censo. Es... es ser patriota, engrandecer a
México, es... ¿No lo leyó en el periódico?
PACO: *(Malicioso, bien informado.)* Los periódicos dicen puras mentiras.
Vamos a ver, si no es para ganar más con los impuestos, ¿para qué van
15 a gastar en sueldo de usted, papel muy fino, imprenta...?
EL EMPADRONADOR: *(Desesperado.)* Es como... Mire, la Nación se pregun-
ta: ¿Cuáles son mis riquezas? Y hace la cuenta. Como usted, ¿no le
importa saber cuánto dinero hay en su casa?
PACO: No.
20 EL EMPADRONADOR: Pero... tiene que contar cuánto gastan, cuánto
ganan...
PACO: Nunca.
EL EMPADRONADOR: ¡Pero cómo no! Bueno, ustedes no, pero un país
debe saber... cuánta riqueza tiene, debe publicarlo...
25 PACO: ¿Para que cuando lo sepan los demás países le caigan encima? ¡Yo
no voy a ayudar a la ruina de mi Patria!
EL EMPADRONADOR: Es que... ¡Es que ya son casi las dos! ¡A las dos y
media debo entregar mi trabajo!
PACO: Ah, pues vaya usted. Ya no le quito el tiempo.
30 EL EMPADRONADOR: *(Grita.)* ¿Y qué voy a entregar? Nadie me da datos,
todo el mundo llora. Me van a correr, hoy no llevo más que seis boletas.
Usted, déme los datos. De lo contrario, es delito, ocultación de datos.
Puedo levantar un acta y consignarla.

35 *Nuevos aullidos de* DORA.

HERLINDA: Consígneme. Se verá muy bien arrastrándome a la cárcel.
Muy varonil.
PACO: No se exalte, no se exalte. Nadie le oculta nada. ¿Pero usted cree
40 que vale la pena hacer llorar a estas mujeres por esos datos?
EL EMPADRONADOR: ¡Pero si no les va a pasar nada!
PACO: Les pasa, mire. *(Patético.)* ¡Sufren! *(Tierno.)* Ya no llores, mujer, ya
no llores, hermana. *(Las muestra.)* Aquí tiene, siguen llorando.
EL EMPADRONADOR: *(A punto de llorar.)* Tengo que llenar veinte boletas, y

llevo seis.

PACO: Pues llene aprisa las que le faltan, yo le ayudo. ¿Qué hay que poner?

EL EMPADRONADOR: *(Escandalizado.)* ¿Pero quiere que inventemos los datos?

PACO: Yo no. Usted. *(Le da un codazo.)* Ande. Primero es uno, después los papeles.[18]

Entra CONCHA.

CONCHA: Tenga. *(Le da la cerveza.)*

PACO: ¿Una poca? ¿Un vasito? ¿O algo más fuerte? ¿Un tequilita?

EL EMPADRONADOR: ¿Qué horas son? *(Duda.)* ¿Usted me ayuda?

PACO: ¡Claro, hombre!

EL EMPADRONADOR: Pues aprisa. Despejen la mesa. Sólo así. Señora, señorita... Ya no voy a llenar la boleta de ustedes, pero... ¿Pueden ayudarme, con unos datos?

PACO: A ver, viejas, ayúdennos. Hay que ayudar a mi señor censor. ¿Un tequilita, mi censor?

EL EMPADRONADOR: Muy chico.

Las mujeres ven el cielo abierto, corren a servirlo.

PACO: Y una botanita.[19] A ver. ¿Se puede con lápiz?

EL EMPADRONADOR: Con lápiz tinta, nada más.

DORA: *(Tímida.)* ¿Los ayudamos?

EL EMPADRONADOR: Pues... A ver si pueden. Si no, yo las corrijo.

HERLINDA: *(Cauta, sonríe.)* ¿Rompemos ésta?

EL EMPADRONADOR: ¿La de ustedes? Póngale una cruz grande y «Nulificada». Ahora imagínese que tiene un taller con... quince máquinas. Y vaya escribiendo cuántos vestidos haría al año, cuánto material gastaría... Haga la cuenta por separado. Y usted... imagínese un taller más chico, con ocho máquinas. Las preguntas que no entiendan, sáltenlas. Yo las lleno después.

Se sientan con él. Trabajan velozmente.

HERLINDA: Mi taller va a ser precioso. Se va a llamar : «Alta Costura», S. en C. de R. H.[20]

◆ ◆ ◆

18. Primero... papeles. *It's just a matter of getting started.* 19. botanita *snack*
20. S. en C. de R. H.: Sociedad en Comandita de Responsabilidad Hipotecaria Limitada *A form of incorporation whose importance here is that the individual is not legally responsible for losses or bankruptcy.*

DORA: ¿Qué dirección le pongo a mi taller?
EL EMPADRONADOR: Cualquiera de esta manzana. Salud. *(Bebe.)*
DORA: *(Se ríe.)* Le voy a poner la dirección de doña Remedios.
PACO: Yo preferiría un taller mecánico. Eso voy a hacer. «La Autógena», S. A.[21] *(Pellizca a* CONCHA.*)*
CONCHA: ¡Ay!
HERLINDA: Cállate, Judas.
EL EMPADRONADOR: Con esos diez pesos... Podrían mandar a Judas a comprar unas tortas. Para todos, ¿no?

Reprinted by permission of the author.

Ejercicios

a. preguntas

1. ¿Cómo son Dora, Herlinda, y el Empadronador?
2. ¿Qué está haciendo Remedios, y cómo es ella?
3. Según Herlinda, ¿de dónde y cómo consiguieron ellas el charmés de seda?
4. ¿Qué Secretaría representa el hombre que llama a la puerta?
5. ¿Por qué le tienen miedo al Empadronador las dos mujeres?
6. ¿Qué trata de hacerle al Empadronador Herlinda?
7. ¿Qué le dice Concha al Empadronador cuando Herlinda trata de darle los diez pesos?
8. ¿Cómo reacciona el Empadronador cuando Herlinda trata de darle los diez pesos?
9. Según Concha, ¿por qué no trabaja el marido de Dora?
10. ¿Cómo entra Paco, y en qué se ven leves huellas alcohólicas?
11. ¿Se da cuenta Paco del propósito de la visita del Empadronador?
12. Según el Empadronador, ¿qué es un censo?
13. Según Paco, ¿por qué sería mejor no saber cuánta riqueza tiene el país?
14. ¿Cúal es la solución que propone Paco al problema de las boletas?
15. ¿Qué sugiere el Empadronador que hagan con los diez pesos que le habían ofrecido?

◆ ◆ ◆

21. S. A.: Sociedad Anónima *A form of legal incorporation.*

b. temas

1. La antipatía de Concha hacia Herlinda y Dora.
2. La personalidad de Paco como hombre en una sociedad machista.
3. El Empadronador como representante de la burocracia.
4. La actitud de la gente mexicana hacia el censo.
5. El humor que se encuentra en la comedia y cómo representa un comentario cultural.
6. La actitud de la gente mexicana hacia la burocracia en general.

◆ ◆ ◆

c. puestas en escena

1. Junto con dos o tres estudiantes más, escriba y presente la escena que pudiera ocurrir entre Concha y los dueños del taller después de la salida del Empadronador.
2. Imaginemos que El Empadronador decide invitar a Concha a salir con él la noche después del encuentro en el taller. Con otro alumno, escriba y presente una posible conversación entre ellos sobre Herlinda, Dora y Paco, los dueños del taller.

Una mariposa blanca

◆─────────────*Gabriela Roepke*

*B*orn in Santiago, Chile, in 1920, Gabriela Roepke is part of the generation that revitalized Chilean theater in the 1940s. Trained as an actress, she studied drama in Paris at the Sorbonne in 1952 and in the United States at the University of North Carolina in 1957 and 1958. In addition to having 15 original plays staged in Chile, Peru, Spain, and the United States, she was co-founder in 1943 of the *Teatro de Ensayo* of the Catholic University of Chile, where she taught from 1958 to 1966. She has also taught in the United States at the University of Kansas and Kansas State University (1966-1968) and at the Juilliard School in New York. For some years she has been living in New York and teaching in Philadelphia.

Roepke's earliest plays tended strongly toward the psychological; her favorite technique is to present a group of individuals with well-defined characteristics and to observe their reactions in situations of stress or tension. Her plays are less interesting for the plot or action, which are of minimal importance, than for the slow revelation of the characters' true natures. She has also written a number of brief works, including plays for children, with simple themes that lend themselves to the author's delicacy of treatment and her evocation of a gentle poetic mood. It is typical of these shorter works that Roepke smiles at the foolish foibles of her characters, but behind the smile and the mood of delicate fantasy lies a vision of the potential for happiness in life's ordinary details.

All these characteristics are found in *Una mariposa blanca*, first staged in 1957 in the United States, and later made into an opera and produced at Lincoln Center in New York in 1971. Structurally it is deceptively simple, taking place in an office in which a series of visitors generate the dramatic development. It is, however, rather complex, with two important flashbacks creating a momentary double level of action, each of which has an impact on one of the major characters. There is also music to set dramatic mood and reliance on concrete objects such as the window and the flowers to set mood and also to establish the underlying tension between *Sr. Smith* and *Luisa*. The comic effects are developed through standard techniques: the choppy speech of the gentleman in a hurry, the use of types such as *Sr. Smith*, or the characters' talking at cross purposes.

Una mariposa blanca is a gentle and delicate play of a type unfamiliar to many readers today. It deals with emotions in a fashion which some may think sentimental, but this emotionalism forces us to question our notions of what is important and what is real. The old woman searching for a memory to sustain her may seem exaggerated, but are our lives not made up of memories? Do memories not imply the participation of others? Without memories, *Sr. Smith* and *Luisa* have empty individual lives which seem hardly worth living. We all live in a world of practical reality, but is there not also a place for the ideal? Increasingly, we are realizing that the mind functions in complex ways. Can fantasy not be perhaps, upon occasion, more important than the real? What do we really mean by happiness?

1. How do offstage sounds and inanimate objects help set the mood of the play?
2. In what ways do the flashbacks in the play enhance our understanding of the lives of *Sr. Smith* and *Luisa*?

Gabriela Roepke

Una mariposa blanca
COMEDIA EN UN ACTO

5

personajes

Luisa, secretaria
Amanda, viuda inconsolable
Una Viejecita
10 Señor Smith, jefe de oficina
Un Señor Distraído
Un Señor Apurado

Lugar de la acción: La Sección Objetos Perdidos de una gran tienda. Oficina
15 *corriente y poco acogedora. Una mañana de primavera.*

Aparecen en escena Luisa Gray, secretaria de la oficina, y el Profesor. Ella
está buscando algo. Suena el teléfono.

20 LUISA: Aló, Rosas y Cía.,¹ Sección Objetos Perdidos. No, señor, equivo-
cado. Llame al 822. *(Cuelga el fono y se dirige al cliente.)* ¿Es éste el libro
que viene a buscar, señor?
PROFESOR: Sí, señorita. El mismo. ¿Tuvo tiempo de leerlo?
LUISA: Sí, y me pareció mucho mejor que "Lo que el Viento se Llevó".²
25 ¡Tan triste! *(Pausa.)* Pero no comprendo, señor, por qué sale a hacer sus
compras con libros si todas las semanas los pierde.
PROFESOR: Me molesta andar con las manos vacías... Y como sé que en
realidad no los pierdo...
LUISA: Tiene suerte que esta sección sea tan eficiente.
30 PROFESOR: Eso sí,³ no me puedo quejar. Nunca he venido a reclamar un
libro que se me haya perdido⁴ en la tienda, sin encontrarlo.
LUISA: De todos modos sería mejor que tuviera más cuidado.
PROFESOR: Mi memoria anda cada día peor.⁵ Bueno. Muchas gracias.
Hasta la próxima semana. *(Sale.)*
35 LUISA: Hasta luego. *(El cliente sale. LUISA toma un ramo de flores que hay*
sobre la mesa. Le saca el papel y lo coloca en un florero. Después va hacia la
ventana y la abre. Un vals muy suave se deja oír. Hay un momento de
ensueño. Luego suena el teléfono. LUISA vuelve a la realidad y atiende.) Aló.
Sí, señora, Rosas y Cía., Sección Objetos Perdidos. Si lo perdió en
cualquiera de los pisos de nuestra tienda, seguramente estará aquí.

◆ ◆ ◆

1. Rosas y Cía *Rosas and Company (the name of the store)*   2. "Lo que el viento
se llevó" *Gone with the Wind*   3. Eso sí *You're right about that.*   4. que se me
haya perdido *that I accidentally lost*   5. anda cada día peor *keeps getting worse*
and worse

Siempre a sus órdenes, señora. *(Cuelga, se dirige a su escritorio. Entra* AMANDA.*)*

AMANDA: ¿Quién estaba aquí, Luisa?

LUISA: El Profesor, que todas las semanas pierde un libro. A veces son buenos, y me entretengo. 5

AMANDA: Ah, ¿no era don Javier?

LUISA: ¿Para qué quería al patrón, Amanda?

AMANDA: Para darle los buenos días. ¡Me siento tan sola!

LUISA: Démelos a mí entonces. ¡Buenos días, Amanda!... Hermosa mañana, ¿no es cierto? 10

AMANDA: Buenos días, Luisa. Pero no..., no es lo mismo... ¡No es lo mismo!

LUISA: ¿No?...

AMANDA: Durante veinte años Rolando no dejó nunca de darme los buenos días, incluso cuando estábamos enojados, y no me acostumbro 15 sin ese saludo matinal, dado por una voz de barítono. *(Llora.)*

LUISA: Bueno... bueno... Pero no se ponga a pensar en él ahora...

AMANDA: Es que esto de ser viuda...

LUISA: Sé que tiene que ser muy duro para usted. Pero con el tiempo...

AMANDA: No me acostumbro, Luisa, no me acostumbro. Seis meses 20 viuda y tan triste como el primer día. *(Lloriquea.)*

LUISA: Además, el Sr. Smith no tiene voz de barítono.

AMANDA: Pero... es un hombre. ¡Y eso es lo que importa!

LUISA: Pero, por Dios... Por favor... Tómese una taza de té, y trate de calmar sus nervios. Hay mucho que hacer esta mañana. 25

AMANDA: Trataré... Porque la verdad es que... *(La interrumpe la entrada del* SR. SMITH. *Lo acompaña una pequeña y ridícula marcha militar.*[6]*)*

SR. SMITH: Buenos días, buenos días, buenos días.

LUISA: Buenos días, señor.

AMANDA: Buenos días, buenos días, buenos días. *(A* LUISA.*)* Ahora me 30 siento mejor. *(Sale.)*

SR. SMITH: Tenemos mucho que hacer hoy. ¿Alguna nueva transacción?...

LUISA: Ninguna, señor.

SR. SMITH: ¿Alguien ha preguntado por mí?...

LUISA: Ni un alma. 35

El SR. SMITH *tose humillado. Luego se dirige a su escritorio y saca unos papeles. Pronto se da cuenta de que la ventana está abierta y fulmina a* LUISA *con la mirada.*[7]

◆ ◆ ◆

6. Lo acompaña... militar *A silly little military march marks his step.* 7. fulmina... la mirada *he glowers at Luisa.*

SR. SMITH: Señorita Luisa, ¿a qué se debe que esa ventana esté abierta?[8]...
Sabe que detesto el aire. ¡Ciérrela!
LUISA: Es primavera, señor. El primer día de primavera...
SR. SMITH: Probablemente afuera, señorita. Aquí dentro es jueves, día de
5   trabajo. Y el trabajo exige concentración. No piar de pájaros.
LUISA: Muy bien, señor. *(Va resignadamente a la ventana y la cierra.)*
SR. SMITH: Recuérdelo en el futuro. *(Ve las flores.)* Y eso... ¿qué
    significa?...
LUISA: Flores, señor. *(Como dándole a comprender.)*[9]
10 SR. SMITH: Sé lo que son. Pero no cómo han llegado aquí. Porque no
    habrán crecido[10] en ese florero, me imagino. Flores..., ¡qué atrevimiento!
LUISA: Las traje yo, señor.
SR. SMITH: Entonces sáquelas de ahí y rápido. Que no las vuelva a ver.[11]
    Y cuando su novio le regale flores, póngalas donde quiera, pero no en
15   la oficina.
LUISA: *(Ofendida.)* —No tengo novio, señor. Las compré yo misma.
SR. SMITH: Gastar dinero en flores. ¡No hay duda de que las mujeres son
    locas! *(Toma las flores y las echa al canasto de los papeles. Pausa.)* Y ahora,
    voy a ver al gerente.
20

Sale. LUISA *mira las flores y suspira. Luego se sienta a su máquina y escribe muy
concentrada. Después de un momento, como buscando algo, entra muy silenciosamente la* VIEJECITA.

25 VIEJECITA: Buenos días... *(Como* LUISA *no oye, se acerca a ella y la toca ligera-
    mente.)* ¡Buenos días!
LUISA: *(Sobresaltada.)* —¡Oh!...
VIEJECITA: Perdón, la asusté...
LUISA: No la oí entrar, señora. ¿Qué se le ofrece?[12]
30 VIEJECITA: ¿Es aquí donde se reclama todo lo que se pierde?
LUISA: Sí, señora.
VIEJECITA: A veces no alcanzo a leer los letreros en las puertas y me
    equivoco...
LUISA: ¿Viene a buscar algo?...
35 VIEJECITA: *(Simplemente.)* —Un recuerdo.[13]
LUISA: Descríbamelo. Si lo perdió en cualquiera de las secciones de
    nuestra tienda, tiene que estar aquí.

◆ ◆ ◆

8. ¿a qué se debe... abierta? *for what reason is that window open?* 9. Como...
comprender *As though explaining to him* 10. no habrán crecido *they probably
weren't grown* 11. Que no las vuelva a ver. *Don't let me see them again.*
12. ¿Qué se le ofrece? *How may I help you?* 13. recuerdo *memento, memory;
Here the little old woman uses it to mean "memory," but Luisa thinks she means
"memento."*

VIEJECITA: No... no lo perdí en la tienda.
LUISA: *(Algo sorprendida.)* —Entonces, no hay ninguna seguridad de encontrarlo; descríbamelo de todos modos...
VIEJECITA: Es... que lo perdí hace años...
LUISA: ¡Años! 5
VIEJECITA: Y... no sé cómo es...
LUISA: ¡Señora!...
VIEJECITA: Si supiera cómo es, o dónde lo perdí, no vendría a pedirle ayuda a usted, ¿verdad?
LUISA: ¿Algún recuerdo de familia?... ¿Algún objeto?... 10
VIEJECITA: No, señorita. Simplemente un recuerdo. Un recuerdo perdido en mi juventud...
LUISA: Perdón, señora. Creo que no la comprendo...
VIEJECITA: Cuando se llega a mi edad, lo único que cuenta son los re- cuerdos. Yo tengo algunos, pero sé que el mejor, el más bello ¡se me 15 perdió un dia! Voló de mi memoria como un pájaro y no he vuelto a encontrarlo.[14] *(Pausa.)*
LUISA: Señora... yo creo que usted está en un error. Aquí nosotros no...
VIEJECITA: No me diga que no tienen recuerdos. La gente los pierde tan a menudo... 20
LUISA: No... Aquí no tenemos recuerdos... Por lo demás...
VIEJECITA: *(Interrumpiéndola.)* —Antes que se me olvide, permítame. *(Abre su bolso. Saca una tarjeta y se la pasa. LUISA la lee y se sorprende.)*
LUISA: Un momento, señora. Voy a buscar al jefe. Tome asiento.
  25
Sale. La VIEJECITA *curiosea un poco. Mira por todos lados y luego se sienta. Entra el* SR. SMITH *seguido por* LUISA. *Ambos miran un momento a la* VIEJECITA.

SR. SMITH: *(A* LUISA *en voz baja.)* —¿Esa es? *(*LUISA *asiente.)* Y viene reco- mendada por un primo del Ministro de Educación. Un hombre de gran 30 influencia, ¡qué oportunidad! *(Desanimándose.)* Pero... debe ser loca... tal vez peligrosa.
LUISA: No lo parece.

Se dirige a su escritorio y se pone a trabajar. El SR. SMITH *se ve obligado a* 35 *enfrentar solo la situación.*

SR. SMITH: *(Hombre de mundo.)* —Buenos días, señora. Mi secretaria me ha informado de su petición. Quiero decirle que el primer deber de esta oficina es complacer al cliente, pero me temo que en su caso... 40
VIEJECITA: Muy sencillo, señor. Se trata de...

◆ ◆ ◆

14. no he... encontrarlo *I haven't found it again.*

Gabriela Roepke

SR. SMITH: Ya lo sé, señora...
VIEJECITA: ¿Y no le parece sencillo?
SR. SMITH: No, no tanto como usted cree. *(Pausa.)* Me gustaría mucho ayudarla, pero...
5 VIEJECITA: No es nada más que un recuerdo, señor.
SR. SMITH: Precisamente, señora.
VIEJECITA: ¿Por qué no tiene la amabilidad de[15] decirle a su secretaria que lo busque?...
SR. SMITH: Creo que sería inútil.
10 VIEJECITA: *(Desilusionada.)* —Entonces ¡es verdad que ustedes no tienen recuerdos!
SR. SMITH: No, no tenemos recuerdos.
VIEJECITA: Pero... me dijeron que en esta oficina tenían todo lo que se perdía.
15 SR. SMITH: Todo, señora. Pero no «todo».
VIEJECITA: Podría volver más tarde si lo que necesitan es tiempo para...
SR. SMITH: Señora, venir a esta oficina a buscar un recuerdo perdido es lo mismo que decirle al sol que no salga, o procesar al invierno porque...
VIEJECITA: ¿Y por qué no? Tal vez no sea más que una cuestión de hablar
20 con ellos y llegar a un acuerdo.
SR. SMITH: Señora... ¡por favor!...
VIEJECITA: No sólo se puede hablar con la gente, señor. Recuerde a San Francisco de Asís[16]... Les hablaba a los pájaros.
SR. SMITH: Pero nadie sabe si le contestaban. *(Pausa.)* Señora, lo siento
25 infinitamente, pero mi tiempo es precioso y... *(Mira la tarjeta y hace un esfuerzo por controlarse.)* Ya le he dicho que me encantaría ayudarla, pero...
VIEJECITA: Lo que vengo a buscar es tan simple.
SR. SMITH: No, señora, no es tan simple. *(Llama a LUISA con un gesto y le*
30 *habla en voz baja.)* Nunca me he encontrado en una situación semejante. Todos los días viene gente, sin recomendación alguna,[17] a buscar pañuelos y paraguas. Tenemos de tantas clases y de tantos colores, que pueden elegir si quieren. Y ahora, cuando por fin puedo hacer algo para tener grato al Ministro de Educación, ¡resulta ser esto!...
35
Lo interrumpe la entrada del SEÑOR APURADO

◆ ◆ ◆

15. ¿Por qué no tiene la amabilidad de... *Why don't you be so kind as...*
16. San Francisco de Asís *St. Francis of Assisi (1182-1226), an Italian friar and founder of the Franciscan order, known for his humility and his alleged ability to speak with animals, especially birds.* 17. sin recomendación alguna *without any recommendation*

SR. APURADO: Buenos días. Miércoles 20. 11 A.M. Paraguas seda amarilla, cacha de cristal. Perdido Sección Sombreros.

LUISA: Un momento, señor. Voy a ver.

SR. APURADO: Rápido, por favor.

SR. SMITH: Siéntese. 5

SR. APURADO: Imposible. Pérdida de tiempo.

SR. SMITH: Si perdió un paraguas, puede perder el tiempo. *(Se ríe.)*

SR. APURADO: Nunca pierdo nada.

SR. SMITH: ¿Y el paraguas?...

SR. APURADO: Mi mujer. 10

SR. SMITH: ¡Las mujeres! Siempre perdiendo algo...

SR. APURADO: Tiene razón.

SR. SMITH: No sé cómo no se pierden ellas mismas.

SR. APURADO: La mía, sí.

SR. SMITH: ¿Cómo? 15

SR. APURADO: Dejó tres frases: «Me voy. Recobra el paraguas. Me has perdido para siempre».

SR. SMITH: ¡Demonios! No se preocupe. Volverá.

SR. APURADO: Ojalá no. ¿Y la suya?...

SR. SMITH: ¿La mía? *(Sorprendido.)* Esa señorita es mi secretaria, no mi 20 mujer.

SR. APURADO: Aire de familia.[18]

LUISA entra con el paraguas.

25

LUISA: Este debe ser, señor.

SR. APURADO: El mismo. Gracias. Ojalá llueva.

Sale rápidamente. LUISA toma unos papeles y también sale. El SR. SMITH se dirige a la VIEJECITA que ha estado observando la escena. 30

SR. SMITH: ¿Usted vio a ese hombre, señora? Es una persona normal, práctica. Viene a buscar algo tangible: un paraguas. ¿Por qué no hace usted lo mismo?

VIEJECITA: No tengo paraguas, señor. 35

SR. SMITH: Hablaba en general. Ese hombre es un ejemplo.

VIEJECITA: ¿Ejemplo de qué?...

SR. SMITH: De que dos y dos son cuatro. De que es imposible modificar ciertas cosas. Son... como son. Es un hecho que existen lo material y lo abstracto. Lo primero... 40

VIEJECITA: No comprendo una palabra de lo que está diciendo, señor. ¡Por

◆ ◆ ◆

18. Aire de familia *There is a familial air. Sr. Apurado is suggesting that Sr. Smith and Luisa treat and react to each other as though they were husband and wife.*

favor, ayúdeme a encontrar mi recuerdo y no lo molestaré más!
SR. SMITH: *(Exasperado.)* —No puedo, señora, no puedo.

La VIEJECITA *no insiste. Hay una pausa. Luego ella habla como quien ha*
5 *reflexionado.*

VIEJECITA: Sabe que tiene razón...
SR. SMITH: Claro que la tengo.
VIEJECITA: No. Hablo de ese caballero que acaba de irse. Y de su secre-
10 taria. Pensándolo bien... ¿Por qué no se casa con ella?
SR. SMITH: ¡Señora! ¡Cómo se atreve usted!...
VIEJECITA: Ella está sola. Usted está solo...
SR. SMITH: Yo... no estoy solo...
VIEJECITA: Todo el mundo lo está.
15 SR. SMITH: Todo el mundo, menos yo.
VIEJECITA: ¿Cómo lo sabe?
SR. SMITH: Me basto a mí mismo.
VIEJECITA: Yo diría que no.
SR. SMITH: Sé zurcir calcetines, lavar ropa, y los minutos exactos que
20 demora en cocerse un huevo.
VIEJECITA: ¿Y con quién conversa?...
SR. SMITH: Conmigo mismo. Y le aseguro que nadie podría decirme las
cosas que me dice mi imagen mientras me afeito.
VIEJECITA: ¿Qué le puede decir sino verdades? Y a nadie le gusta oírlas...
25 SR. SMITH: Señora, yo vivo en la verdad.
VIEJECITA: Lo mejor de los demás es que puedan mentirnos...
SR. SMITH: Todo esto es una pérdida de tiempo y yo...
VIEJECITA: *(Sin hacerle caso.)* —Estoy segura de que ella lo quiere...
SR. SMITH: ¿A mí? ¿Ella? Nunca se me habría ocurrido. Siempre seria,
30 siempre vestida de oscuro... *(Pausa.)* ¿De veras usted lo cree?

Entra LUISA. *El* SR. SMITH *la mira. La vuelve a mirar. Se oye el vals en sordina.*

SR. SMITH: *(Muy alegre.)* —¿Desea algo, Luisa?
35 LUISA: *(Extrañada por su tono.)* La lista de las cosas definitivamente
perdidas.
SR. SMITH: *(Almíbar.)* —Segundo cajón a la izquierda.

LUISA *se dirige al cajón, saca un papel y, a punto de salir, se detiene un instante y*
40 *lo observa.*

LUISA: *(Mirando al* SR. SMITH *fijamente.)* —¿Le pasa algo,[19] señor?

◆ ◆ ◆

19. ¿Le pasa algo? *Is something the matter with you?*

SR. SMITH: Nada. ¿Por qué?

LUISA: ¿Se siente bien?

SR. SMITH: Perfectamente. ¿Qué le hace pensar otra cosa?

LUISA: Su amabilidad, señor. La última vez que lo oí hablar tan suavemente fue cuando usted estaba a punto de caer a la cama con pulmonía. 5

SR. SMITH: *(Con voz de trueno.)* —Ahora no voy a tener pulmonía ni nada que se le parezca. ¿Está tratando de decirme que no puedo ser amable? ¿Que nunca soy amable? Sepa, señorita, que cuando quiero soy tan suave como un cordero, ¿me oye?, como un cordero. *(LUISA sale alterada. El SR. SMITH se vuelve a la VIEJECITA.)* ¿Lo ve? ¿Y usted decía que estaba 10 enamorada de mí?... Sentirme mal... Pulmonía...

VIEJECITA: Señor...

SR. SMITH: ¿Qué?

VIEJECITA: La lista de las cosas definitivamente perdidas...

SR. SMITH: ¿Cómo? 15

VIEJECITA: Tal vez mi recuerdo esté entre ellas.

SR. SMITH: Entonces más vale que se despida de él. En esta oficina, lo que está definitivamente perdido ¡está definitivamente perdido! ¡No se le encuentra más!

VIEJECITA: ¿Y si aparece, después de todo? 20

SR. SMITH: Desaparece nuevamente. Aquí nadie me contradice, cuando yo digo algo. Y lo que le digo a usted, señora, es que haga el favor de irse. No puedo hacer nada por usted.

VIEJECITA: ¿Por qué no trata?...

SR SMITH: *(Desesperado.)* —¡Estoy tratando! *(Pausa.)* Mire, señora, le pro- 25 pongo algo. Venga mañana a hacer alguna compra en cualquiera de las secciones, pierda una chalina..., un guante..., y vuelva el lunes a buscarlo. ¿Qué le parece?

VIEJECITA: Tengo tres chalinas, señor. Y dos pares de guantes. Uno de lana para el invierno y otro de seda para el verano. Lo que realmente nece- 30 sito es otra cosa.

SR. SMITH: Con tal de que terminemos, señora..., estoy dispuesto a obsequiárselo. Dígame lo que es y yo... *(Echa mano a la billetera.)* [20]

VIEJECITA: Un recuerdo. Un recuerdo tan único y completo que pueda traerme alegría en primavera y melancolía en otoño. Es lo único que 35 me hace falta, y usted no podría sacarlo de su bolsillo ni aunque fuera un mago.[21]

SR. SMITH: Me doy por vencido.[22] Me doy por vencido... *(Llamando a gritos.)* Señorita Luisa... Señorita Luisa... *(Aparece.)*

LUISA: ¿Señor? 40

SR. SMITH: Le doy diez minutos para solucionar este asunto.

◆ ◆ ◆

20. Echa mano a la billetera *He reaches for his wallet.*   21. ni aunque fuera un mago *even if you were a magician*   22. Me doy por vencido *I give up.*

LUISA: Pero, señor...

SR. SMITH: *(Mirando el reloj.)* ¡Nueve minutos y veinte segundos! *(Sale.)*

LUISA: *(Después de una pausa.)* —¿No cree usted, señora, que alguna otra cosa puede servirle? Algún chal... *(La VIEJECITA niega con la cabeza.)* O un
5 buen libro... *(Idem.)*[23] Estoy segura de que el Sr. Smith se alegrará mucho de poder ofrecerle lo principal que tenga en la oficina.

VIEJECITA: Lo principal es lo que menos me sirve.

LUISA: No entiendo.

VIEJECITA: La soledad.

10 LUISA: ¿La soledad?

VIEJECITA: ¿No piensa nunca en ella?

LUISA: Una persona ocupada como yo, tiene otras cosas en que pensar...

VIEJECITA: No es necesario preocuparse de algunas; se siente, se vive en ellas. ¿Piensa usted mucho en sí misma, en su vida?

15 LUISA: La vida mía no tiene nada de particular. Es como la de todos; a veces entretenida... a veces aburrida. Trabajo..., voy al cine..., salgo con mis amigos...

VIEJECITA: ¿Por qué quiere engañarse, Luisa?

LUISA: Señora... no comprendo... ¿A qué viene[24] esta conversación?

20 VIEJECITA: La soledad llena esta pieza. ¿No la oye llorar en los rincones, cruzar junto a usted como una ráfaga de aire helado? ¿No la huele entre el polvo de los libros y la seda sin color de los paraguas? ¡La soledad! A mis años no tiene importancia, pero a su edad... *(Pausa.)* Déjeme darle un consejo, hijita: no llegue a vieja sin recuerdos.

25 LUISA: ¡Recuerdos!

VIEJECITA: Sí... Muchos. De todas clases. Desde los más completos hasta los más simples... Una tarde de invierno puede bastarle.

LUISA: ¿Una tarde de invierno?...

VIEJECITA: Sí... Pero no como las que vive ahora. Apresúrese; ¡déjelas
30 atrás!

LUISA: Son como las de todo el mundo. *(Defendiéndose.)*

VIEJECITA: ¿Quiere que se las describa?

LUISA: *(Con un grito.)* —¡No! Las conozco demasiado bien.

35 *Pausa. Se cubre el rostro con las manos. La luz va decreciendo hasta iluminarla a ella sola. Se oye el vals. Vemos a LUISA sola sentada, cosiendo. Luego se levanta. Se oye la voz de la madre.*

MADRE: Luisa... Luisa, ¿adónde vas?

40 LUISA: A ninguna parte, mamá.

MADRE: Pero si te oigo moverte...

◆ ◆ ◆

23. Idem. *Latin, meaning "the same as above." Here the old woman shakes her head again.* 24. A qué viene *What's the purpose of*

LUISA: Iba a buscar el hilo azul.
MADRE: Hay dos carretillas en tu bolsa de labor. Ayer las puse ahí. Si se
han perdido, debe ser culpa tuya. Enferma como estoy, tengo que
hacerlo todo en esta casa...
LUISA: Ya las encontré, mamá, no te preocupes.   5

Hay un silencio. Se oye el vals.

MADRE: ¿Vas a salir, Luisa?
LUISA: No, mamá.   10
MADRE: Te oigo caminar; si caminas es que vas a alguna parte.
LUISA: No, mamá.
MADRE: No me gusta que salgas sola a esta hora.
LUISA: Ya no soy una niña, mamá.
MADRE: Una mujer es siempre una mujer, y tiene que cuidarse.   15
Prométeme que siempre te cuidarás, Luisa.
LUISA: En unos años más no necesitaré cuidarme, mamá.
MADRE: ¡Tonterías! Eres muy joven. Y estás en la edad de casarte. No
comprendo por qué no te casas. Por qué no haces nada por casarte.
LUISA: ¿Qué quieres que haga?   20
MADRE: Invitar a tus amigos... Me encantaría ver la casa llena de
jóvenes... ¿Cuándo será ese día, Luisa?...
LUISA: Nunca, mamá.
MADRE: Te he repetido hasta el cansancio que tu jefe sería el indicado: un
viudo nada de pobre...[25]   25
LUISA: Pero no me quiere, mamá.
MADRE: Da lo mismo: el amor sólo trae complicaciones.
LUISA: Pero también trae recuerdos, mamá... ¡Recuerdos!

La luz se apaga. Vuelve la iluminación completa y vemos a LUISA *de pie como* 30
antes. La VIEJECITA *está observándola.* LUISA *se acerca al canasto de los papeles,*
recoge las flores y vuelve a ponerlas en el florero con decisión. El SR. SMITH *entra.*
Se muestra sorprendido[26] al ver a la VIEJECITA.

SR. SMITH: *(A* LUISA.*)* —¿Cómo? ¿Todavía no se ha deshecho de ella?   35
LUISA: No puedo, señor.
SR. SMITH: Tiene que poder. Una secretaria mía lo puede todo.
LUISA: Le repito que no puedo, señor.
SR. SMITH: ¿Y por qué no?...
LUISA: Porque ella tiene razón.   40

◆ ◆ ◆

25. Te he... pobre... *I've told you over and over again that your boss would be the*
logical choice: a widower with a good bit of money...   26. se muestra sorprendido
He seems surprised

SR. SMITH: ¿Qué?...

LUISA: ¿No tiene usted recuerdos, señor?

SR. SMITH: Por supuesto que tengo. Y a montones. ¡Qué pregunta más rara!

5 LUISA: Yo no tengo. Y quisiera tenerlos. Creo que con uno solo me bastaría...

SR. SMITH: ¡Señorita Luisa! ¿Se ha vuelto loca?

LUISA: No, me he vuelto cuerda.²⁷

SR. SMITH: ¿Por qué cree en lo que ella le dice?

10 LUISA: Lo que ella dice es verdad. Piénselo un segundo, y le encontrará razón.²⁸

SR. SMITH: Ni aunque lo pensara un año entero.

LUISA: Mire su vida, y véala como realmente es.

SR. SMITH: Una hermosa vida, lo sé.

15 LUISA: Porque se lo dicen los demás.

SR. SMITH: No necesito que nadie me lo diga.

LUISA: Otros ojos pueden verla en forma diferente.

SR. SMITH: Mis ojos son excelentes. Tengo cincuenta años, y leo sin anteojos. *(Pausa.)* Señorita Luisa, yo comprendo que quisiera cooperar

20 conmigo y por eso...

LUISA: No, señor, le digo que ella tiene la razón.

SR. SMITH: ¿En serio? Creo que soy yo el que va a volverse loco. *(Ve las flores en el florero.)* ¡Esas flores! ¿Quién... ?

LUISA: *(Resuelta.)* —Yo, señor; es el lugar que les corresponde.

25 SR. SMITH: Dios mío: esto es una conspiración. *(Suena el teléfono. LUISA lo atiende.)* No estoy para nadie.²⁹

LUISA: Sí; un momento, señor. *(Le pasa el fono al SR. SMITH.)* El Ministro de Educación.

SR. SMITH: Usted querrá decir el secretario del Ministro.

30 LUISA: No, el Ministro en persona.

El SR. SMITH se prepara a hablar.

SR. SMITH: *(Con voz almibarada.)* —Aló... Sí, Excelencia. No, Excelencia...

35 Por supuesto, Excelencia... Está justamente aquí, y me ocupo de ella personalmente. ¡Naturalmente! Basta que usted me lo ordene... Siempre a sus órdenes, Excelencia... *(Corta.)* El Ministro me pide que ayude a esta señora, y lo haré antes de volverme definitivamente loco. *(A la VIEJECITA.)* Veamos... Usted quiere un recuerdo; bien... ¿de qué

40 clase?...

◆ ◆ ◆

27. me he vuelto cuerda *I have come to my senses.* 28. le encontrará razón *you will realize that she is right.* 29. No estoy para nadie. *No matter who it is, say that I'm not here.*

VIEJECITA: Uno muy simple, señor.
SR. SMITH: Menos mal que es modesta. ¿De qué tipo?
VIEJECITA: No tengo preferencias.
SR. SMITH: ¡Ajá!... *(Reflexiona.)* Ya sé... Luisa, vaya a buscar a Amanda.
(LUISA se aleja. El SR. SMITH se pasea con impaciencia. AMANDA llega muy 5
excitada.) Señora Amanda, aunque mi petición le parezca rara, le ruego
que deje las preguntas y comentarios para más tarde. Lo único que
deseo advertirle es que estoy en mi sano juicio. *(Pausa.)* Mi querida
señora Amanda: tal vez usted tenga un recuerdo que pueda servirle a
la señora. 10
AMANDA: ¿Cómo?
SR. SMITH: Le he oído decir mil veces cuánto ha sufrido; por lo tanto,
tiene que tener recuerdos.
AMANDA: Pero, señor... yo no...
SR. SMITH: No me diga que con el sueldo que le pago no puede permi- 15
tirse el tener recuerdos. Tiene que tenerlos. Es más: le ordeno que los
tenga y que dé uno a esta señora. El que ella elija.
AMANDA: Pero seguramente ella va a elegir el mejor.
SR. SMITH: Si eso sucede, le aumentaré el sueldo. Por favor, ¡ayúdeme!
AMANDA: Muy bien. Cualquiera de mis recuerdos, menos el de mi pobre 20
Rolando.
SR. SMITH: Si ella quiere ese, se lo compro. ¿Cuánto quiere por el recuerdo
de su pobre Rolando?
AMANDA: Señor... no sé si debo...
SR. SMITH: Quinientos... Mil... Dos mil... 25
AMANDA: Es suyo. *(Pausa. Se acerca a la VIEJECITA.)* Todo comenzó un día
de primavera, cuando los almendros estaban en flor.
SR. SMITH: *(Estornuda.)* —No mencione los almendros. *(Vuelve a estor-
nudar.)* Me dan alergia.
AMANDA: Pero no puedo hablar de Rolando sin mencionar los 30
almendros...
SR. SMITH: *(Vuelve a estornudar.)* —¡Caramba! *(AMANDA quiere hablar.)*
No..., no diga nada. No puedo oír la palabra almendros. *(Vuelve a estornudar.)* ¡Maldita sea!... No..., no, usted no me sirve. Váyase... Váyase.
35
AMANDA sale aterrada. El SR. SMITH se deja caer en su escritorio sonándose
estrepitosamente.[30] Una pausa. Luego contempla a la VIEJECITA que se ha sentado
y saca un tejido de la bolsa.

SR. SMITH: *(Al borde del colapso.)* —¿Qué está haciendo? 40
VIEJECITA: Hacer algo útil mientras espero.

◆ ◆ ◆
30. se deja... estrepitosamente *plops down on his desk blowing his nose loudly*

SR. SMITH: ¿Por qué no se va a su casa? Le prometo avisarle apenas el
primer recuerdo bonito aparezca por aquí.

VIEJECITA: No. Gracias. Tengo que esperar. *(Pausa.)*

SR. SMITH: Señora, creo que usted tiene suerte, después de todo. Ahora
5   tendré que tomar uno de mis recuerdos, y eso no le sucede a
cualquiera. Déjeme ver. Algo reciente..., importante..., agradable...,
¡ya sé!

VIEJECITA: ¿Sí?

SR. SMITH: El día que recibí la medalla al mejor servidor.[31]

10   VIEJECITA: ¿Servidor de qué?

SR. SMITH: Público, señora. Una medalla de plata con la rueda de la for-
tuna. Y permítame decirle que las dos personas agraciadas con ese
galardón antes que yo, eran el capitán de bomberos y el presidente de
la Liga contra los Eclipses de Sol, ¡dos personalidades!

15   VIEJECITA: Señor, aprecio mucho su intención, pero su medalla...

SR. SMITH: De plata, señora, una verdadera joya. Y después de la ceremo-
nia me festejaron con un banquete. El vicepresidente en persona pro-
nunció un discurso. Soy un hombre modesto, se lo aseguro, pero
después de muchos años se me iba a hacer justicia[32]... Recuerdo que era

20   un lunes... *(Con estas últimas palabras las luces van apagándose y sólo
vemos al* SR. SMITH *iluminado por un foco.)* El gerente y el subgerente me
habían citado a las once. Yo estaba tan impaciente que llegué media
hora antes. Cuando iba a golpear la puerta, oí voces, y no pude resistir
la tentación de escuchar. Estaban hablando de mí y en forma muy

25   agradable: yo era el mejor empleado que la firma había tenido en
veinte años. Mi honestidad..., mi discreción...

VOZ UNO: Un pobre hombre.

SR. SMITH: Mis méritos..., mi inteligencia...

VOZ UNO: Un pobre tonto.

30   SR. SMITH: Mi capacidad...

VOZ UNO: No tiene ninguna.

SR. SMITH: Mis veinte años de servicio...

VOZ UNO: ¿Qué ha hecho de bueno en estos veinte años?

SR. SMITH: El único merecedor de un premio...

35   VOZ UNO: Tenemos que dárselo a alguien.

SR. SMITH: *(Gritando.)* —Jamás atrasado.

VOZ UNO: Nunca a tiempo.

SR. SMITH: *(Desesperado.)* —No, no, no, no fui nunca así. Decían cosas
muy distintas. Decían que yo era...

40   VOZ DOS: Un empleado modelo. Un lujo para la firma.

SR. SMITH: Sí, eso era..., eso era... *(Aliviado.)*

◆ ◆ ◆

31. al mejor servidor *as the best servant*   32. se... justicia *I was getting what I
justly deserved.*

VOZ UNO: Es un mentiroso. No merece estos honores.
VOZ DOS: Después de tantos años, tenemos que hacer algo. Una medalla de plata y un banquete. Y, por supuesto, un discurso.
VOZ UNO: ¿Y qué diremos?...
VOZ DOS: La verdad.   5
VOZ UNO: Está loco.
SR. SMITH: No, no quiero discursos. Una vida como la mía, una hermosa vida...
VOCES: Vacía..., inútil...
SR. SMITH: No..., no..., no...   10
VOZ DOS: Brindo, señores, por este modelo de empleado fiel que tan justamente merece nuestro homenaje. Su vida...
SR. SMITH: ¿Mi vida?...
VOCES: Vacía..., inútil...
SR. SMITH: (*Con desesperación.*) —No..., no..., no... Yo no soy ese hombre.   15
(*Las luces van volviendo lentamente. El* SR. SMITH *se deja caer en una silla. La* VIEJECITA *sigue tejiendo.*) Jamás... Juro que nunca nadie dijo eso de mí. Esto no es un recuerdo: es una pesadilla que debo haber tenido. (*Pausa.*) Sí, una pesadilla que se me había olvidado. No fue así. ¡No pudo ser así!   20
VIEJECITA: ¿Se siente mal, señor?
SR. SMITH: No, ya pasó. (*Para sí.*) Estaban hablando de otra persona. Ese hombre no soy yo. (*A la* VIEJECITA, *con inquietud.*) ¿Me oyó decir algo, señora?
VIEJECITA: Me habló de su medalla.   25
SR. SMITH: ¿Mi medalla? No tiene tanta importancia. Reconozco que a veces soy algo exagerado... ¿Qué es una medalla después de todo?
VIEJECITA: ¿Y el banquete?
SR. SMITH: Una comida mala y aburrida.
VIEJECITA: ¡Ah!...   30
SR. SMITH: Vanitas vanitatum.[33]
VIEJECITA: ¿Cómo?
SR. SMITH: Latín. Lo estudié hace muchos años.
VIEJECITA: Es usted un hombre culto, señor.
SR. SMITH: (*Volviendo a adquirir confianza.*) —¿Le parece?... Eso quiere   35
decir: «Vanidad de vanidades». (*Pausa.*) No hallo qué otra cosa ofrecerle, señora. Me temo que no tengo muchos recuerdos que pudieran servirle.
VIEJECITA: ¡Pero si usted insistió en que tenía tantos!
SR. SMITH: ¿Tantos?... Sí; eso creía...   40
VIEJECITA: Pero tiene que haber algo[34] en su vida..., una mañana de

◆ ◆ ◆

33. Vanitas vanitatum *Latin, meaning "Vanity of vanities"*   34. tiene que haber algo *there has to be something*

otoño… o una tarde de lluvia…
SR. SMITH: No.
VIEJECITA: ¿Alguien, entonces?…
SR. SMITH: Nadie.
5 VIEJECITA: ¿Alguna buena acción?… ¿O quizá algún rayo de sol sobre el
agua?
SR. SMITH: No. Nada. (Pausa.) Lo siento. *(La VIEJECITA se levanta.)* Lo
siento…, lo siento mucho…
VIEJECITA: Tal vez otro día…
10
*Se dirige a la puerta. Está a punto de salir cuando el SR. SMITH bruscamente
parece recordar algo.*

SR. SMITH: ¡Espere!… Espere un segundo… Recuerdo que cuando era un
15 muchacho salvé una mariposa de morir ahogada. ¿Le interesaría eso?
(La VIEJECITA asiente.) Yo… estaba sentado al borde de un arroyo… y la
vi en el agua, debatiéndose, con las alas pesadas.³⁵ …La cogí en una
hoja… Apenas sus alas se secaron se fue. *(Pausa.)* Era… ¡una mariposa
blanca!…
20 VIEJECITA: ¡Gracias, señor! ¡Gracias! ¡Justo el recuerdo que estaba buscando!
SR. SMITH: *(Satisfecho de sí mismo.)* —¡Qué buena suerte! Permítame que le
cuente los detalles. Le puedo hacer la más hermosa descripción.
VIEJECITA: No…, no. Ya le he quitado demasiado tiempo, señor.
SR. SMITH: No hay ningún apuro, señora.
25 VIEJECITA: Gracias, pero tengo que irme.
SR. SMITH: La mañana…, el agua…

Entra LUISA.

30 LUISA: Señor Smith…
SR. SMITH: No me interrumpa. Ahora que recuerdo, me siento inspirado.
(A la VIEJECITA.) Vuelva otro día, señora, y yo le contaré todo. La
mañana…, el agua…, el aire…, las flores… Siempre tengo flores en mi
escritorio…
35 LUISA: ¿Cómo?…
SR. SMITH: Y el aire es tan agradable en un día de primavera. *(Abre la ventana.)* Tal vez…, tal vez yo tenga alma de poeta… *(Se siente muy
satisfecho de sí mismo.)*
VIEJECITA: Perdóneme, señor, pero tengo que irme.
40 SR. SMITH: ¿Está satisfecha, señora?…
VIEJECITA: ¡Completamente!

◆ ◆ ◆

35. debatiéndose… pesadas *struggling, its wings heavy with water*

SR. SMITH: *(Galante.)* —Créame que ha sido un placer. Y era tan simple, después de todo. ¡Quién no tiene recuerdos!...

VIEJECITA: Sí..., quién no los tiene..., aunque sea uno!³⁶... *(Sale silenciosamente.)*

LUISA: *(Casi gritando.)* —¡Espere!...   5

SR. SMITH: Déjela que se vaya. Y alégrese, Luisa; todo está arreglado.

LUISA: Lo felicito, señor.

SR. SMITH: ¿Y a qué viene esa cara larga entonces?... Esto puede significarme un aumento de sueldo. *(La mira.)* Y ese traje, Luisa. Usted es demasiado seria. Siempre de oscuro. No está de luto, que yo sepa.   10
(Pausa.) Creo que el color claro le sentaría...³⁷

LUISA: Tengo un vestido lila, pero hace tiempo que no lo uso.

SR. SMITH: Yo creo que usted debería... *(tose)* ¡debería volver al trabajo!
*(Se sienta a su escritorio. LUISA hace lo mismo. Después de un momento el SR.
SMITH levanta la cabeza.)* ¡Esa ventana! *(Luisa se levanta obediente para ir a*   15
cerrarla.)

LUISA: Sí, señor...

SR. SMITH: No. Déjela abierta. Después de todo, hace un lindo día. *(LUISA
se inclina sobre la ventana como si viera algo que sigue con la vista.³⁸)* ¿Qué
está mirando?...   20

LUISA: *(Vuelve a su escritorio con un cierto aire de ensueño.)* —Me pareció
ver..., me pareció ver... ¡una mariposa blanca!...

Ambos trabajan. Ella escribe a máquina. En sordina se oye el vals.

TELÓN

Reprinted by permission of the author.

◆ ◆ ◆

36. aunque sea uno *even though perhaps just one* 37. le sentaría... *would look good on you.* 38. como... vista *as though she saw something that she follows with her eyes.*

Ejercicios

a. preguntas

1. ¿Dónde tiene lugar la acción de la comedia?
2. ¿Por qué está en la oficina el Profesor?
3. ¿Cuál es el apellido del jefe de la oficina y cómo es él?
4. ¿Cuándo perdió la Viejecita el recuerdo que ella viene a buscar, y por qué es difícil que Luisa la ayude a encontrarlo?
5. ¿Por qué desea tanto el Sr. Smith ayudar a la Viejecita?
6. ¿Qué viene a buscar el Sr. Apurado y, según él, quién lo perdió en primer lugar?
7. ¿Por qué sugiere la Viejecita que el Sr. Smith se case con Luisa?
8. ¿Cómo es el recuerdo que busca la Viejecita?
9. En realidad, ¿cómo es la vida de Luisa?
10. ¿Por qué decide Luisa recoger las flores del canasto y ponerlas de nuevo en el florero?
11. ¿De qué tiene alergia el Sr. Smith, y cómo reacciona él cuando se menciona?
12. ¿Cuál es el recuerdo que relata el Sr. Smith, y por qué resulta ser pesadilla en vez de recuerdo agradable?
13. ¿Cuál es el recuerdo que por fin satisface a la Viejecita?
14. ¿Qué cambio vemos en la relación entre el Sr. Smith y Luisa como resultado de la visita de la Viejecita?
15. ¿Qué es lo que Luisa parece ver por la ventana al final, y qué nos sugiere esta visión?

b. temas

1. El humor de *Una mariposa blanca,* y los momentos más humorísticos.
2. La función y la importancia de los temas musicales en la obra.
3. La vida y la personalidad de Luisa.
4. La función simbólica de la mariposa blanca.
5. Los temas de la soledad y del amor en la comedia.
6. La universalidad de *Una mariposa blanca* en términos de tema, personaje, y ambiente.
7. El empleo de luces y de escenas retrospectivas *(flashbacks)*.
8. La Viejecita como figura catalizadora de la obra en el nivel real y en el nivel simbólico.

◆ ◆ ◆
c. puestas en escena

1. Imaginemos que Luisa y el Sr. Smith se enamoran y deciden casarse. Junto con dos estudiantes más, escriba y presente una breve conversación entre éstos dos y la madre de Luisa la noche que anuncian su noviazgo *(engagement)*.
2. Si el Profesor y Amanda también se hicieran amigos, sería una relación muy interesante, ya que él siempre está muy distraído y ella es una viuda inconsolable. Con otro estudiante, escriba y presente un diálogo entre ellos cuando salen a cenar juntos en un buen restaurante de la ciudad.

El tigre

◆─────────────*Demetrio Aguilera-Malta*

Demetrio Aguilera-Malta was born in Guayaquil, Ecuador, in 1909. He held a series of academic and public positions in his native country, and later lived for many years in Mexico City where he was active as a journalist. He was also visiting professor in American universities on several occasions. Appointed Ecuatorian ambassador to Mexico in 1980, he died the following year. Aguilera-Malta first achieved prominence as a member of the *Grupo de Guayaquil*, whose socially-oriented fiction during the 1930s portrayed the primitive living conditions of most Ecuatorians. He was also fascinated by the role of natural forces in the struggle to subsist, and, like so many other Latin American authors, by the mythology of the Indians who formed the core of the nation's population.

Although Aguilera-Malta is perhaps best known as a novelist and author of short stories, he is also Ecuador's most widely recognized playwright. His interest in the theater began during his youth, and most of his plays, like his earlier fiction, are realistic with a strong social tone. In the middle 1950s, however, Aguilera-Malta began to experiment with less realistic forms, and his later work both in fiction and in theater became increasingly stylized with an overt use of symbols and a rejection of any effort to recreate external reality. *El tigre,* published in 1955 and first performed ten years later, fuses these tendencies.

El tigre deals vividly with the primitive life of its characters and portrays the hardships of a population with little or no access to any of the benefits of civilization. In so doing, it mirrors an increasing interest in the myths and folk beliefs of a population still living in a basically pre-literate society. But the play is not propagandistic in any way. Although superficially realistic, it is dominated by two symbols: the fire and the jaguar. One is visible and attempts ineffectually to drive back the threatening shadows, the other lurks invisibly in them. The dramatic impact is caused much less by the jaguar's actual prowling than by the effect on the characters of this challenge to their existence. As one of them says, there are really two jaguars—the external one and the inner one—and the inner one is more important. It is possible to read *El tigre* in psychoanalytic terms, in which the jaguar represents the fears lurking in the shadows of Aguayo's mind. Or does he symbolize some other threat such as the power of evil? Perhaps the most important question relating to the play is to ask whether it is really necessary to determine exactly what the jaguar might represent or can his significance be read in a more open fashion?

1. If realism is the presentation of the world around us as we see it, is *El tigre* a realistic play?
2. Does there exist a threat to *Aguayo* or is he so paralyzed by superstitious fear that he cannot function rationally?

El tigre

personajes

5   Aguayo, un zambo ecuatoriano (25 años)
Don Guayamabe, el patrón del manglar (35 años)
Mite, un peón (59 años)
El Tejón, otro trabajador (25 años)

10   *La decoración representa un rincón de selva americana en un manglar del río Guayas.[1] En primer término[2] en el suelo, hay una fogata que arde débilmente. Es de noche. Los hombres parecen arrancados de las sombras, llevan sombrero de paja, cotona y pantalones blancos. Van descalzos. Cada uno porta un machete en su diestra. Con la izquierda, se sacan, de cuando en cuando, el sombrero y lo agi-*
15   *tan, para espantarse los mosquitos.* GUAYAMABE *fuma un enorme cigarro.*

CUADRO PRIMERO

MITE *y* EL TEJÓN *están sentados, en sendos troncos.* GUAYAMABE, *de pie, mira intranquilo, en determinada dirección hacia la izquierda. A poco, se escuchan, en*
20   *esa dirección, ruidos de montes rotos,[3] de pasos que se acercan. Todos miran hacia ese lado. Por allí, aparece* AGUAYO, *nervioso, agitado.*

AGUAYO: *(Con la voz temblorosa por la emoción.)* ¡Don Guayamabe!
GUAYAMABE: *(Sereno, tranquilo.)* ¿Qué te pasa, Aguayo?
25   AGUAYO: Éste... don Guayamabe.
GUAYAMABE: *(Algo impaciente.)* Pero ¿qué te pasa, hombre?
AGUAYO: Nada... es que...
MITE: ¿Te asustaron las ánimas, tal vez?
AGUAYO: No, don Mite... Es que... Y ¿por qué no atizan la candela?[4]
30   *(*AGUAYO *se acerca al sitio donde está la fogata. Se arrodilla ante ella. Se saca el sombrero. Y con él sopla, desesperadamente, haciendo que la llama empiece a crecer.)*

MITE *y* EL TEJÓN *se levantan de los troncos y se le acercan.* GUAYAMABE *continúa*
35   *fumando su cigarro imperturbablemente.*

EL TEJÓN: ¿Qué tienes, Aguayo?
AGUAYO: *(Mirando con zozobra para todos lados.)* ¡El tigre...!

◆ ◆ ◆

1. Río Guayas *The Guayas River, on the west coast of Ecuador, is nearly three miles wide at its mouth and enclosed by jungle. A substantial population lives on river-boats and in the mangrove swamps.* 2. En primer término *In the foreground* 3. ruidos de montes rotos *the sounds of broken brush* 4. atizan la candela? *stir up the fire?*

GUAYAMABE: *(Con risa que parece un latigazo.)* ¿Y eso no más era? ¡Jajajá!
¡Jajajá!

AGUAYO: *(Se levanta y se acerca a* GUAYAMABE. *Tiene la voz llena de vacilaciones y de angustias.)* Es que usted no lo ha visto tan cerca, don
Guayamabe. Me ha venido siguiendo. Sus ojos como dos candiles, han   5
venido bailando detrás mío.[5]

MITE: Son cosas tuyas, Aguayo.

AGUAYO: *(Sin hacerle caso.)* A ratos, me pelaba los dientes,[6] como si riera.
Yo podía olerlo. Sentía su respiración en mis espaldas. Si hubiera querido, me da[7] un manotazo. Como yo andaba solo con mi machete.   10

EL TEJÓN: Y si hubieras andado con escopeta, ¿qué? Vos[8] le tienes miedo
hasta a tu sombra.

AGUAYO: Hablan así, porque nunca han visto tan cerca al Manchado.[9]

GUAYAMABE: *(Abalanzándose contra* AGUAYO. *Fiero.)* ¿Qué te crees vos,
Aguayo? Yo soy de montaña adentro. Y bien hombre,[10] para que tú lo   15
sepas. He andado por las tierras más cerradas. Y me he reído de todo y
de todos. Es que donde para un cristiano bien hecho, ¡ningún animal
escupe!

AGUAYO: *(Encogiéndose sobre sí mismo.)*[11] Así es don Guayamabe, pero…

GUAYAMABE: *(Interrumpiendo.)* Claro que así es.   20

MITE: *(Acercándose a* AGUAYO *y palmeándole la espalda.)* Ve, Zambo. Haces
mal en tenerle miedo al tigre. Lo mejor con el Manchado es desafiarlo.
Donde te siga el rastro y se orine en tus pisadas… ¡Ahí sí que te
fregaste![12]

AGUAYO: Bien fregado estoy ya.   25

EL TEJÓN: Porque quieres. Porque no te amarras los pantalones.

Hay una breve pausa. GUAYAMABE *impertérrito, sigue fumando su cigarro, como
ausente.* AGUAYO *vuelve a la fogata. De pronto, mira en determinada dirección,
hacia izquierda. Extiende la mano, señalando.*   30

AGUAYO: ¡Allí! ¡Allí!

Todos miran en la dirección que señala AGUAYO.

    35

MITE: ¿Qué?

◆ ◆ ◆

5. detrás mío *(coll.)*: detrás de mí.   6. me pelaba los dientes *he showed his
teeth (at me)*   7. me da: me habría dado, me podría haber dado   8. Vos *Used
as a second person singular pronoun in some areas of Spanish America; here, it normally takes the verbal forms corresponding to* tú.   9. Manchado *a common name
for the jaguar.*   10. Y bien hombre *And a real man*   11. (Encogiéndose…
mismo) *Shrinking*   12. Donde… fregaste! *If he follows your trail and urinates in
your footsteps, then you've had it!*

Demetrio Aguilera-Malta

AGUAYO: ¡Allí! ¡Allí!
EL TEJÓN: ¿Dónde?
AGUAYO: ¡Allí! Sobre ese cabo-de-hacha.
MITE: Yo no veo nada.
5 EL TEJÓN: Ni yo.
MITE: ¿Y vos, Zambo?
EL TEJÓN: ¿Qué es lo que estás viendo, Aguayo?
AGUAYO: Yo... éste...
EL TEJÓN: ¿Qué, pues, qué?
10 AGUAYO: ¡El tigre!
GUAYAMABE: *(Mueve la cabeza, con pena. Aspira su cigarro, que se enciende más aún. Los ojos le brillan, en la noche.)* ¡Vea que vos eres maricón, Aguayo!

15 *GUAYAMABE, sin agregar una sola palabra, da un salto hacia la izquierda. Más parece un venado que un hombre. Al primer salto, siguen otros. Avanza hacia la selva, rompiendo monte, hasta salir de escena. En pocos instantes, el ruido de sus pasos se hace más quedo, hasta que desaparece.*

20 MITE: Pobre del tigre, si don Guayamabe lo encuentra.
EL TEJÓN: ¡Qué lo va a encontrar![13]
MITE: Así es. El Manchado ha de ir ya con el rabo entre las piernas.
EL TEJÓN: Cualquiera le da la cara a don Guayamabe.[14]
MITE: Sobre todo, ahora. ¿Vieron como le brillaba el cigarro?
25 AGUAYO: *(Separándose.)* Parecía una linterna, ¿no? Pausa.
MITE: ¡Qué hombre!
AGUAYO: Sí. ¡Qué hombre!
EL TEJÓN: Y todo porque vos, Zambo, le has venido con tus cosas.
MITE: El tigre es el tigre, pues. Se lo doy al más macho.[15]
30

De pronto, se escucha el bramido largo y escalofriante del tigre. AGUAYO *da un salto y se prende del brazo de* MITE. *Los dientes le castañetean.*

AGUAYO: ¿Es... ta... tarán... pepepe... lean... dododo?
35 EL TEJÓN: ¡Cállate!

Vuelve a escucharse el bramido escalofriante del tigre. Después, ruidos de arbustos agitados, de montes rotos, de cuerpos agitándose. AGUAYO, EL TEJÓN *y* MITE *observan, tensos, la oscuridad, tratando de adivinar, en las sombras.*

◆ ◆ ◆

13. ¡Qué... encontrar! *How's he going to find it!* 14. Cualquiera... Guayamabe. *Nobody waits around for Guayamabe.* 15. Se... macho. *I'll give it to the toughest one.*

MITE: ¿Y si fuéramos a ver qué pasa?
EL TEJÓN: ¿Para que don Guayamabe se pelee con nosotros? Ni que estu-
viéramos locos.[16]
MITE: De verdad. Él ha de querer entendérselas solo con el tigre.[17]

5

*Nuevamente se escucha el bramido del tigre. Pero, esta vez, como si se quejara. Y,
casi enseguida, inmensa, también escalofriante, se escucha la carcajada de*
GUAYAMABE. *Nuevamente, también, el rumor de montes rotos. De pasos que se
acercan. Y finalmente, por la izquierda, aparece* GUAYAMABE.

10

EL TEJÓN: ¿Y agarró al Manchado, don Guayamabe?
GUAYAMABE: ¡Qué va! En cuanto me vio, se hizo humo.
MITE: Y eso que está muy atrevido.[18] Venir hasta tan cerca de la Hacienda.
AGUAYO: *(Con amargura.)* Es que me vino siguiendo.
EL TEJÓN: Es que flojo mismo eres, Zambo.   15

Hay una pausa. AGUAYO *se pone en cuclillas.*[19] *Atiza el fuego con la boca. No levanta la vista del suelo. No osa mirar a nadie. Los otros lo miran, en silencio, con
cierta lástima.*

20

AGUAYO: Don Guayamabe.
GUAYAMABE: ¿Qué te pasa, Zambo?
AGUAYO: Yo creo que a mí...
GUAYAMABE: Pero suéltalo todo de una vez, hombre.
AGUAYO: Éste... ¡Yo creo que a mí me va a comer el tigre!   25

MITE *se acerca a* AGUAYO. *Le pone una mano sobre el hombro.*

MITE: Tienes que hacerte el desentendido, Zambo. Donde te ponga el
vaho un condenado de éstos... ¡te maleaste![20] La contra, la única contra,   30
es no tenerles miedo.
GUAYAMABE: Así es, don Mite. Por eso salimos por arriba,[21] con el pon-
cho al brazo, a buscarlos.
AGUAYO: ¿A buscarlos?
GUAYAMABE: Nadie les corre.[22] El que corre está perdido. Lo que pasa es   35
que tú no sabes de esto, porque aquí nunca hubo tigres.
MITE: Y dicen que no es lo mismo con el tigre que con el lagarto.

◆ ◆ ◆

16. *¿Para que... locos. So don Guayamabe can get sore at us? We're not that crazy.*
17. *entendérselas... tigre to work it out with the tiger all by himself*   18. *Y eso...*
atrevido. And he's pretty nervy.   19. *se pone en cuclillas he squats down*
20. *Donde... maleaste! Whenever one of them gets his breath on you (makes you
afraid of him), you're through.*   21. *por arriba up there (in the high country)*
22. *Nadie les corre: Nadie corre para escapárseles.*

EL TEJÓN: Claro. El Manchado sabe más.

GUAYAMABE: Dices bien, Tejón. El tigre, con poner la pata en el rastro de un cristiano, sabe si le tiene miedo o no. El lagarto no sabe nada. Además, al lagarto se le hace la boca agua porque le soben la panza.[23]

5 Así que, sobándosela, ya está arreglado todo.

EL TEJÓN: *(Incrédulo.)* ¿Sobarle la panza?

GUAYAMABE: Claro. Así es como se cogen los lagartos de tembladera. Están empozados, abajísimo del agua. El lagartero se mete para dentro y se va debajo de los lagartos. Les empieza a sobar la barriga. A estos

10 condenados les da cosquilla enseguidita. Y empiezan a largarse a flote.[24] Arriba está el otro lagartero, esperando. Y apenas saca la cabeza el lagarto, le da un hachazo en la nuca.

AGUAYO: Feisísimo debe ser, ¿no?

GUAYAMABE: ¡Feisísimo! A veces, el lagarto aguaita[25] desde abajo, sobre

15 todo si es lagarto cebado.[26] Y entonces el cristiano puede sentirse difunto.[27] Después de algunos días, sólo asoman los huesos.

AGUAYO: Pero peor es el tigre.

GUAYAMABE: Eso sí. Al tigre no se le puede ir con andadas. A ése no se le puede sobar la barriga, ni nada. No tenerle miedo, no más. No darle

20 nunca la espalda. Reírsele en las barbas.

AGUAYO: ¿Reírsele?

GUAYAMABE: Echarle un chifón de humo en los ojos. Sino,[28] el cristiano se malea, hasta que el Manchado se lo come.

25 *De pronto, AGUAYO da un salto hacia GUAYAMABE. Toma a éste por el brazo, nerviosamente. Y señala hacia la izquierda, al fondo.*

AGUAYO: ¡Mire! ¡Mire, don Guayamabe!

GUAYAMABE: *(Mirando en la dirección que señala AGUAYO.)* ¿Qué? ¿Qué

30 pasó, Zambo?

EL TEJÓN: ¿Qué pasó?

AGUAYO: ¡Allí! ¡Miren, allí!

MITE: Yo no veo nada.

EL TEJÓN: Ni yo.

35 GUAYAMABE: *(Sereno, imperturbable, sin volverse.)* ¿Qué? ¿Es el tigre otra vez?

AGUAYO: *(Temblando.)* Sí. ¡Allí está! ¡Allí está, don Guayamabe!

GUAYAMABE: *(Mirándolo con lástima.)* ¡Ay, Zambo! Me creo que vos vas a desgraciarte. A lo mejor, llevas ya los ojos del tigre dentro de tu cabeza.

◆ ◆ ◆

23. al lagarto... panza *his mouth waters at the thought of having his stomach rubbed.* 24. largarse a flote: flotar. 25. aguaita: *(dial.)* aguanta 26. cebado: que ha probado carne humana 27. sentirse difunto *give himself up for dead* 28. Sino: Si no, de otro modo

Y esos ojos no te dejarán ni a sol ni a sombra, hasta que el propio tigre
te los quite.
AGUAYO: *(Amargamente.)* Si me los va a quitar... ¡que me los quite
pronto, don Guayamabe!

FIN DEL CUADRO PRIMERO 5

CUADRO SEGUNDO

Han pasado algunos días. Es de noche. MITE *y* EL TEJÓN *están sentados en sendos
troncos, ante la fogata encendida, como antes, en el centro, primer término.*

10

MITE: Cuando el cristiano está con miedo, que encomiende su alma a
Dios.
EL TEJÓN: Sobre todo con el Manchado.
MITE: Y dicen que está retobadísimo.
EL TEJÓN: ¿Será el mismo? 15
MITE: Así me creo. Desde que yo he nacido, nunca oí mentar por aquí un
maldecido de ésos.
EL TEJÓN: Entonces, éste tal vez haya venido de detrás del Fuerte de
Punta-de-Piedra.
MITE: A lo mejor. Allí el año pasado se comió a un soldado. Los huesos, 20
no más, dizque asomaron, después de algunos días. Los había pelado
tan bien el desgraciado... que no hubo ni gallinazada.
EL TEJÓN: Con hambre estaría.
MITE: O, tal vez, probó antes carne de cristiano. Dicen que cuando prueba
carne de cristiano, al Manchado se le hace la boca agua por comernos. 25

Se oyen pasos apresurados. Y, al poco tiempo, aparece GUAYAMABE, *por la izquierda, segundo término. Viene preocupado.*

GUAYAMABE: ¿No han visto por aquí al Zambo Aguayo? 30
EL TEJÓN: *(Intranquilo.)* ¿Qué? ¿Le ha pasado algo?
MITE: ¿Es que... venía para acá?
GUAYAMABE: Eso mostraban los rastros que encontré, cuando empezaba
a oscurecer.
MITE: Pues, por aquí no ha asomado. 35
GUAYAMABE: ¡Uhm! Está malo eso. Después de mediodía lo mandé a
labrar unos palos, en el Cerro Aislado. Al caer el sol, estuve allá. Y ni
siquiera había tocado esos palos. Comencé, enseguida, a buscarlo. Y se
me ha hecho humo.[29] No lo encuentro en ninguna parte. Parece que se
lo hubiera tragado la tierra. 40
EL TEJÓN: ¿Será la tierra?... ¿No será... el Manchado?

◆ ◆ ◆

29. Y... humo. *And he vanished into thin air.*

GUAYAMABE: ¿Ya van a empezar ustedes, también?
EL TEJÓN: Yo decía, no más, don Guayamabe.
GUAYAMABE: ¡Cuidado! La canillera es contagiosa. Y si ustedes se dejan
agarrar por ella, pronto van a empezar a ver el tigre a todas horas.
5 MITE: ¡Quién sabe, don Guayamabe! Pero yo me creo que el Manchado a
quien le ha echado los ojos es al Zambo.
GUAYAMABE: A lo mejor. Con todo, es bueno no dejarse llevar por la
marea. Sobre todo en aguaje. *(Pausa.)* Bueno. Voy a seguir buscando al
Zambo. Si lo ven, díganle que quiero hablar con él, lo más pronto. Que
10 le daré otro trabajo, mañana. ¡Está tan fregado, el pobre!
MITE: Así será, don Guayamabe.
EL TEJÓN: Así será.

GUAYAMABE *sale por la derecha, segundo término.*
15
MITE: *(Después de breve pausa.)* Y aquí ya va matando a varios animales.
EL TEJÓN: ¿Quién, ah?
MITE: ¿Quién ha de ser? ¡El Manchado!
EL TEJÓN: ¡Ahá! Y lo peor es que no se los come enteros. Los prueba, nada
20 más. Y se larga. Parece que no le gustan mucho. O que está receloso.
MITE: Es que le hemos puesto muchas trampas.
EL TEJÓN: Y buenazas trampas.
MITE: Pero no cae en ninguna.
EL TEJÓN: Así es. ¿Se recuerda la del hueco abierto, tapado apenas con
25 monte y lleno de carne encima? Si provocaba.[30] Palabrita de Dios que
yo hubiera caído.
MITE: El cristiano cae, no más, en todo.
EL TEJÓN: Y después, cuando le pusieron el puerquito vivo…
MITE: Vos viste. El desgraciadísimo le hizo asco.[31] Para desquitarse, mató
30 un venado, allí cerca. Se ha de haber reído de nosotros, horas de horas.
EL TEJÓN: En la trampa en que yo sí creí que iba a caer fue en la de la
jaula de palo. Estuvo muy bien hecha. Tenía un cabo-de-hacha torcido,
con un lazo de betas, abierto, esperando al maldecido.
MITE: Yo también creí lo mismo. Y el Zambo, también. ¿Te acuerdas que
35 se puso contentísimo? Él mismo metió al chivo, de carnada. Era un
chivo negro, que berreaba como recién nacido.
EL TEJÓN: Al día siguiente, el Zambo estaba otra vez muriéndose de
miedo. Porque el Manchado había dejado rastros frescos al pie de la
jaula. Hasta creo que se había revolcado. Pero nada más. Lo único
40 que…
MITE: *(Ligando con la frase interrumpida de* EL TEJÓN.*)* ¿Que el Manchado se

◆ ◆ ◆

30. Si provocaba. *That really was tempting.* 31. El desgraciadísimo le hizo
asco. *The miserable thing made him sick.*

había orinado en los rastros del Zambo, no?
EL TEJÓN: Sí.
MITE: ¿Y él lo sabe?
EL TEJÓN: Me creo que no. Nosotros, muy temprano, borramos los rastros
y todo...   5

Pausa. EL TEJÓN *y* MITE *han quedado pensativos.*

MITE: Me creo que ya no debemos hacer más trampas.
EL TEJÓN: ¿Para qué?   10
MITE: ¡Uhú! Todo sería inútil. Mientras don Guayamabe ande por estos
lados, no podremos agarrar al Manchado. El Manchado le tiene miedo
y recelo.
EL TEJÓN: ¡Ahá! Nunca le da la cara. Y eso que don Guayamabe ha salido
tantas veces a buscarlo. Hasta ha dormido en la montaña. Hasta ha col-   15
gado su hamaca de yute de las ramas de un árbol. Y ha esperado horas
de horas.
MITE: Es demasiado hombre para el Manchado.
EL TEJÓN: *(Asintiendo.)* ¡Demasiado hombre!
                                                                            20
*De improviso, se escucha un remecerse de monte. Y la voz angustiosa, desespera-
da, de* AGUAYO.

AGUAYO: *(Desde dentro.)* ¡Don Mite! ¡Tejón!
MITE: ¿Qué fue, Zambo?   25
EL TEJÓN: ¿Qué fue?

MITE *y* EL TEJÓN *se levantan y se acercan rápidamente hacia el fondo, por donde
aparece* AGUAYO. AGUAYO *está tembloroso, a punto de caerse. Los otros lo
sostienen.*   30

AGUAYO: *(Casi llorando.)* ¡Don Mite! ¡Tejón!
MITE: ¿De nuevo el Manchado?
AGUAYO: Sí. *(Sin volverse. Ladeando un poco la cabeza, como señalando con
ella.)* ¡Allí está, de nuevo!   35
EL TEJÓN: ¿Te ha venido siguiendo?
AGUAYO: No. Yo no me he movido de aquí. Estaba oculto en un brus-
quero... No puedo alejarme de donde haya gente. Y sobre todo, de
donde haya candela... ¿Y por qué no la atizan? *(Se lanza sobre el fuego y
empieza a soplarlo con la boca.)*   40
MITE: ¿No oíste a don Guayamabe que te estaba buscando?
AGUAYO: Lo oí todo.
EL TEJÓN: Dice que mañana te va a dar otro trabajo.
AGUAYO: ¿Qué trabajo puede darme que yo pueda hacer? No puedo

dejar estos lados. ¡Tengo miedo! Palabrita de Dios que tengo miedo. ¡Mucho miedo! El Manchado no me deja ni a sol ni a sombra. La otra tarde yo estaba con la Domitila. Y empecé a verlo, como si brincara, dándonos vueltas. Otro día estaba sacando agua del pozo. Y, de pronto,
5   vi su carota reflejándose, al lado de la mía, en el agua. Viré a ver donde estaba. Estaba detrás mío, trepado en un árbol. Me peló los dientes, como si riera. Pero lo peor es de noche. Todas las noches viene a rondar el covachón, por el lado donde vivo. Como no puedo dormir, lo oigo raspando las paredes de mi cuarto con sus uñotas. Por las rendijas, le
10 veo los ojos. Van creciendo, como si fueran dos bolas de fuego verde. ¡No sé! ¡Palabrita de Dios, que no sé qué voy a hacer! Estoy que me voy en cursos,³² como una regadera. No tengo fuerzas ni ánimo para nada. ¡Palabrita de Dios que no sé qué voy a hacer!

MITE: *(Pensativamente.)* Vos debías irte de la Isla, Zambo. Si no, ¡cualquier
15 día te come el Maldecido!

EL TEJÓN: Así es, Zambo. Don Mite tiene razón. Además, que vos eres bueno para muchas cosas. Eres la uña del diablo para labrar los palos, para los aserríos de alfajías.³³ ¡Para tantas cosas! En el propio Guayaquil³⁴ estarías como chalaco en poza.³⁵

20 AGUAYO: Pero es que le debo algunos reales al Blanco³⁶ de la Hacienda.

MITE: Y si te mueres, ¿cómo le vas a pagar?

AGUAYO: ¿Y… y la Domitila? ¿Cómo voy a dejarla? Estamos palabreados hace tiempísimo. Y el mes que viene íbamos a casarnos.

EL TEJÓN: Y si el Manchado te come, ¿cómo vas a casarte? Y si sólo se te
25 llevara una pierna o un brazo… ¿para qué ibas a servirle a la Domitila? Yo creo que don Mite tiene razón. Vos debes de irte, Zambo. Después, le pagas tu deuda al Blanco. Y después mandas por la hembra.

MITE: Aquí, cerca, en el estero de Los Cangrejos hay una canoa. En ella puedes irte hasta el Cerrito de los Morreños. De ahí te embarcas en la
30 primera balandra que salga. ¡Y a Guayaquil, se ha dicho!³⁷

AGUAYO: Sí, tal vez tienen razón. Es mejor que me vaya. Pero, ustedes me cuidan, ¿verdad? Sólo hasta que me aleje de la orilla. Tengo miedo de que el Manchado me vaya a fregar.

EL TEJÓN: Pierde cuidado, Zambo. Allí estaremos nosotros.

35 AGUAYO: Vamos, entonces. Le cuentan todo a don Guayamabe, para que se lo diga al Blanco. Y a la Domitila, para que no me olvide. ¡Vamos!

◆ ◆ ◆

32. Estoy… cursos *Aguayo is suffering from diarrhea induced by fear.*   33. los
40 aserríos de alfajías *the making of window frames*   34. Guayaquil *a major seaport on the Gulf of Guayaquil, about 25 miles from the mouth of the Guayas River*
35. como chalaco en poza *right at home. A* chalaco *is a resident of the Peruvian seaport Callao and would be at home on a raft or* poza.   36. Blanco *the owner or manager of the spread who runs the entire operation including the store at which the hands buy everything*   37. ¡Y… dicho! *And we're off to Guayaquil!*

¡Vamos, pronto!
MITE: ¡Vamos!
EL TEJÓN: ¡Vamos!

Se dirigen hacia derecha primer término hasta que salen.   5
FIN DE SEGUNDO CUADRO

CUADRO TERCERO
*La misma noche, minutos más tarde. La escena está vacía. A poco tiempo, se oyen
pasos y voces confusas que se van acercando hasta que, por la derecha, primer*   10
término, aparecen MITE *y* EL TEJÓN.

MITE: (*Acercándose al fuego, lo mismo que hace* EL TEJÓN. *Restregándose ambos
las manos, como si tuvieran frío)* ¡Gracias a Díos!
EL TEJÓN: Sí, don Mite. Hasta que se fue, por fin.   15
MITE: Yo sólo me quedé tranquilo, cuando se perdía entre las sombras.
Cuando ya no escuché el chapoteo de su canalete, hundiéndose en el
agua, y sólo me llegó, como un eco, su despedida, «Hasta pronto, don
Mite».
EL TEJÓN: Puede que, ahora sí, se largue el Manchado.   20
MITE: O puede que empiece a seguirle el rastro a otro cristiano.
EL TEJÓN: Difícil lo veo. Aquí nadie más le tiene miedo.
MITE: ¿Vos crees? ¿No se habrá contagiado la Domilita? Como ella andaba
siempre con el Zambo…
EL TEJÓN: Las mujeres casi nunca van a la montaña.   25
MITE: Este Manchado está muy atrevido. ¡Vaya a saberlo Dios lo que
puede pasar!

Nuevamente, se escuchan rumores de montes rotos y de pasos que se acercan.
MITE *y* EL TEJÓN *miran hacia la derecha. Quedan, como si vieran un ser de otro*   30
mundo.

EL TEJÓN: ¿Usted ve lo que yo estoy viendo, don Mite?
MITE: Así me creo, Tejón.
                                                                          35
AGUAYO *aparece por la derecha, primer término. Camina lentamente, como un
sonámbulo. Se dirige al centro de la escena. Mira a* MITE, *a* EL TEJÓN, *a la fogata. Es una mirada vacía, estúpida.* MITE *y* EL TEJÓN *se le acercan, mirándolo
interrogativamente.*
                                                                          40
MITE: (*Después de breves segundos, en vista de que* AGUAYO *no dice nada.*) ¿Por
qué regresaste?
EL TEJÓN: (*Haciendo un esfuerzo, para dominarse.*) ¿Es que… se te viró la
canoa?

MITE: ¿No pudiste seguir bogando?
EL TEJÓN: ¿Te atacó algún tiburón?
MITE: O... ¿es que te dio miedo el agua?

5   AGUAYO *los mira como si no los viera. Después, empieza a hablar.*

AGUAYO: Mejor regreso, no más.
MITE: ¿A dónde?
AGUAYO: *(Mirándolos, como si en ese momento se diera cuenta de la presencia*
10   *de ellos.)* Al covachón, a mi cuarto.
EL TEJÓN: ¿Por qué no aguardas un poco? Así nos iremos juntos.
AGUAYO: ¿Para qué? Ya todo es en vano.
MITE: No digas eso.
EL TEJÓN: ¿O es que te aguarda la Domitila?
15   AGUAYO: Ya no quiero ni verla. ¿Para qué?
EL TEJÓN: ¿Cómo que para qué?[38]
MITE: ¿Es que ya no la quieres?
AGUAYO: No es eso. Es que sólo le traería desgracias. ¡Estoy tan
   desgraciado!
20   EL TEJÓN: Hablas por hablar, Zambo.
AGUAYO: Eso crees vos, Tejón... Ahora... ahora estoy seguro de que...

AGUAYO *interrumpe sus palabras, como si tuviera miedo hasta de decirlas.*

25   MITE: *(Con cierta impaciencia.)* ¿De qué?
AGUAYO: De que me va a comer el tigre.
MITE: Vea que vos eres tonto, Zambo.
EL TEJÓN: Por eso, te pasa lo que te pasa.
AGUAYO: *(Riendo estúpidamente.)* ¡Jujujú! Por eso. Así es. Por eso. Ya lo
30   vieron ustedes. Yo quería largarme de la Isla. Dejar mi deuda con el
   Blanco. Y—lo que es peor—dejar a la Domitila.
MITE: Era lo mejor.
AGUAYO: Claro que era lo mejor... si hubiera podido hacerlo.
EL TEJÓN: ¿Y qué pasó, entonces?
35   AGUAYO: Apenas me alejé un poco de la orilla, me entró un miedo
   horrible.
MITE: Ibas con miedo.
AGUAYO: Fue peor en la canoa. Poco a poco, empecé a escuchar un
   chapoteo. Al principio, quise no hacer caso. Quise creer que era mi pro-
40   pio canalete. Pero como el chapoteo crecía, dejé de bogar.

◆ ◆ ◆

38. ¿Cómo... qué? *What do you mean why?*

EL TEJÓN: A lo mejor, era el viento. O la correntada torciendo los manglares.

MITE: O algún pescado grande. O algún cardumen de pescados. Tú sabes. De noche, ellos se aprovechan para saltar a su gusto.

AGUAYO: Todo eso lo pensé yo. Pero el chapoteo crecía, crecía. Entonces volví. ¿Y saben lo que vi? A pocas brazas,[39] saliendo a encontrarme, ¡venía el tigre! Las luces verdes de sus ojos bailaban sobre el agua. Tenía los dientes pelados, como si se riera a carcajadas.

MITE: ¡Vea que vos eres tonto, Zambo!

AGUAYO: Entonces, sacando fuerzas de donde no tenía, di vuelta a la canoa. Y empecé a bogar, a bogar desesperadamente. La canoa brincó, como alma que lleva el Diablo, hasta llegar aquí.

EL TEJÓN: Lo que son las cosas, ¿no? Yo pensé que los Manchados eran como los gatos, que no les gusta el agua.

MITE: Este Manchado debe ser buen nadador. Si no, ¿cómo hubiera llegado a la isla?

EL TEJÓN: De verdad.

AGUAYO: Bueno. Lo que es yo… ya me voy… Hasta mañana. Hasta mañana, si Dios quiere.

MITE: Hasta mañana, Zambo. ¡Y no le hagas miedo al miedo![40]

AGUAYO: (*Riendo nerviosamente.*) ¡Jujujú! No, don Mite.

EL TEJÓN: Hasta mañana, Zambo. Cuídate mucho.

AGUAYO: Yo tengo uno que me cuida siempre, Tejón. ¡El tigre!

AGUAYO sale por la derecha, segundo término. MITE *y* EL TEJÓN *miran por la dirección en que aquél sale. Hacen una breve pausa. Después hablan.*

MITE: ¿Quién hubiera pensado que el Manchado lo iba a seguir hasta la canoa?

EL TEJÓN: Ya me figuraba eso.

MITE: A lo mejor, don Guayamabe está en lo cierto.

EL TEJÓN: ¿En qué, ah?

MITE: Él dice que tal vez hay dos Manchados.

EL TEJÓN: ¿Dos Manchados?

MITE: Sí. El uno es ése que se come a los animales. Ése que él ha espantado, que no le da cara. Que lo aguaita desde lejos, tras los árboles. Y que apenas lo oye o lo ve, sale en quema.

EL TEJÓN: ¿Y el otro?

MITE: El otro es ése que el Zambo Aguayo lleva dentro.

EL TEJÓN: ¡Uhú! ¡Puede ser! Pero yo me creo que ambos persiguen al Zambo. Esta mañana encontré rastros frescos del Manchado al pie del

◆ ◆ ◆

39. A pocas brazas *A few fathoms down*   40. ¡Y… miedo! *And don't be afraid of your shadow, don't let it get you down!*

covachón, frente al cuarto del Zambo.

MITE: Y ahora debe estarlo siguiendo todavía.

EL TEJÓN: A lo mejor... Y palabra que me está dando pena el Zambo. ¿Le vió la cara? Parecía un muerto parado.[41] ¡Quién sabe si él mismo ya no
5   se siente de este mundo!

MITE: Así es. ¡Pobre Zambo!

Se oyen pasos que se acercan. Y, casi enseguida, entra GUAYAMABE *por derecha, segundo término. Su semblante está impasible, como siempre. Sólo los chiflones*
10 *de humo de su cigarro, que son más frecuentes, denotan su preocupación.*

GUAYAMABE: ¿Vieron al Zambo?

MITE: Acaba de írse, don Guayamabe.

GUAYAMABE: ¿Dijo dónde iba?

15 EL TEJÓN: Al covachón. A su cuarto.

GUAYAMABE: Es mejor así.

EL TEJÓN: Claro, don Guayamabe. El Manchado no se aleja de estos lados. Hay rastros de él por todas partes. Hasta los mismos brusqueros están trillados.[42] Parece que el Maldecido no hiciera otra cosa que
20   pasearse.

MITE: Y el Zambo está más cucarachero[43] que nunca.

GUAYAMABE: En el pellejo de él ¿quién no estaría? El tigre está atrevidísimo. Y como nunca me da la cara.

EL TEJÓN: *(Como para sí mismo, preocupado.)* Yo creo que, haga lo que
25   haga... ¡al Zambo se lo va a comer el Manchado!

GUAYAMABE: No seas pájaro de mal agüero, Tejón.

EL TEJÓN: Es que usted no lo ha visto cómo se ha puesto, don Guayamabe. Hace poco que pasó por aquí, ya olía a muerto. Quién sabe si ya está muerto, por dentro.

30 MITE: Y lo peor es que ya no quiere hacer nada. Ni trabajar, ni ver a la hembra, ni pelear para defenderse. ¡Ni nada! Se deja llevar de la corriente, no más, como una canoa al garete. Fíjese que ahorita, ¡ni atizó la candela!

GUAYAMABE: No debieron dejarlo ir solo.

35 EL TEJÓN: No quiso que lo acompañáramos.

GUAYAMABE: *(Aspirando fuertemente con la nariz.)* ¡Uhm! ¡Está más fuerte que nunca el olor del tigre!

Hay una breve pausa que, de pronto, es interrumpida por un grito ultrahumano
40 *de* AGUAYO. *Viene de no muy lejos, ululando en el silencio de la noche.*

◆ ◆ ◆

41. un muerto parado *a walking dead man.* 42. Hasta... trillados. *Even the underbrush is all thrashed around.* 43. cucarachero *frightened, panicky*

VOZ DE AGUAYO: ¡Ay!...
EL TEJÓN: *(Horrorizado.)* ¡El tigre!...

Casi enseguida, se escucha el golpe del salto del tigre. Rumor de lucha. Y un
rugido escalofriante de la fiera. Todo esto es rapidísimo y simultáneo con la salida   5
de GUAYAMABE, TEJÓN *y* MITE, *que abandonan la escena, corriendo, por derecha,*
primer término. Durante breves segundos, se escucha el alejarse veloz de sus
pasos.

VOZ DE GUAYAMABE: *(Gritando.)* ¡Aguanta, Zambo! ¡Ahí voy!   10

Se hace un silencio total. De improvisto, después de brevísima pausa, se vuelve a
escuchar el rugido largo y escalofriante del tigre, como si desafiara. Y, casi
enseguida, rumores de lucha. Por fin, surge la voz amenazadora y creciente de
GUAYAMABE.   15

VOZ DE GUAYAMABE: *(Gritando.)* ¡Mataste al Zambo! ¡Maldecido! Él le
tenía miedo al miedo, pero yo... ¡A mí no te me escaparás! ¡Toma!
¡Toma, desgraciado! *(El tigre ruge como si se quejara.)* ¡Con esta cuarta de
machete en la panza, ya no fregarás a nadie más! ¡Maldecido!   20

Reprinted by permission of the author.

Ejercicios

a. preguntas

1. ¿Por qué está tan asustado Aguayo cuando llega al campamento?
2. ¿Por qué empieza Aguayo a soplar la fogata desesperadamente?
3. Según Mite, ¿qué es lo mejor que se puede hacer con el Manchado?
4. ¿Qué sabe el tigre con poner la pata en el rastro de un cristiano?
5. ¿Qué importancia tiene el hecho de que al animal lo llaman «el tigre» en vez de «un tigre»?
6. Según don Guayamabe, ¿cuál es la única defensa contra el tigre?
7. ¿Cuándo ocurre la acción del *Cuadro segundo*?
8. ¿Por qué está preocupado don Guayamabe cuando llega al campamento?
9. Describa usted las trampas que pusieron los hombres para coger al tigre.
10. Según Aguayo, ¿por qué no puede irse de la isla ahora?
11. Al empezar el *Cuadro tercero*, ¿por qué están contentos Mite y El Tejón?
12. ¿Qué quiere decir Aguayo con la frase «Ya todo es en vano»?
13. ¿Cuáles son los dos Manchados de que ha hablado don Guayamabe?
14. ¿Por qué cree El Tejón que el tigre va a comer a Aguayo?
15. ¿Cómo mata don Guayamabe al tigre al final, y por qué lo mata?

b. temas

1. Los elementos del folklore y de la superstición presentes en el drama.
2. La función de ambiente y de decoración en *El tigre*.
3. El sentido de fatalidad que se encuentra en la obra.
4. El simbolismo del fuego o de la fogata en el drama.
5. La figura de don Guayamabe, y lo que representa en la obra.
6. Los temas principales, y su desarrollo en *El tigre*.
7. El tigre interior como símbolo del demonio o del miedo.
8. El paralelismo entre el tigre real y el tigre interior, es decir, entre el nivel realista y el nivel simbólico del drama.

◆ ◆ ◆

c. puestas en escena

1. Junto con otro compañero, presente un diálogo entre Aguayo y la Domitila en que hablan de sus planes para el futuro y también del miedo que Aguayo le tiene al tigre.
2. Con varios estudiantes más, escriba y presente una conversación, estilo «mesa redonda», sobre el poder del miedo en *El tigre* y en la vida en general.

◆————————————*Estudio en blanco y negro*

◆ ─────────────────── *Virgilio Piñera*

*V*irgilio Piñera was born in Cárdenas, Cuba, in 1912 and died in Havana in 1980. Well known as a short story writer, he was also one of the two or three most important Cuban dramatists of the period prior to the Revolution of 1958. Although he had been writing plays for many years, few were actually staged before 1958 and a number are much older than their dates of performance or publication would indicate. There are two poles in Piñera's work. He had strong affinities with the European theater of the absurd, which saw all existence as lacking in meaning or structure, and was writing plays in that vein before the absurd became a major force in international drama. Piñera also wrote extensively about the moral stagnation and social ills which he saw all about him in Havana. His characters often seem paralyzed by inaction and unable to move out of the closing circles in which they are caught. He was fascinated by the abrupt and the unexpected and many of his plays have a grotesque, almost discontinuous quality.

Like much of Piñera's theater, *Estudio en blanco y negro* lacks a highly developed plot and much of what happens appears arbitrary or inexplicable. Its setting and characters seem commonplace and their efforts at communication are meaningless. There is no cut-and-dried explanation of human existence; we, like the characters, seem to be caught in a circle of empty words. In addition to its emphasis on the difficulty or even impossibility of any meaningful communication, *Estudio* anticipates more recent Latin American theater in its use of role playing. Each of the characters takes sides in a meaningless dispute; they shift back and forth for no visible reason and seem to be playing roles which have little or nothing to do with whatever feelings or convictions they might have. In light of recent psychoanalytic and scientific thought, we must ask whether indeed there is anything beneath these roles. Is there a definable, integrated personality behind each of these characters or are they simply whatever role they happen to be playing at any given moment?

The appearance of the third man leaves us and the characters with a sense of bewilderment. Are these just people who cannot agree on apparently simple matters or is there some more sinister underlying significance? Are reality and fantasy, madness and sanity, clearly separable, or is there an area where they meet or perhaps overlap? Much recent thinking about the novel proposes that fiction may be open-ended, that is, it has no final meaning and can only be understood in the light of what the reader brings to it. We face the idea that any book or play may have somewhat different meanings, depending upon who the reader may be. Perhaps, like so many recent plays and novels, *Estudio en blanco y negro* has no final closed meaning and each of us must bring to it our own set of preconceptions. Does there exist a verifiable standard of reality and meaning, or are we lost in a swamp of absolute subjectivity?

1. Are the apparently simple words "black," "white," and "yellow" likely to mean the same thing to all readers or viewers?
2. Language, according to Absurdist writers, is often used to avoid communication. To what extent might this notion apply here?

Estudio en blanco y negro

personajes

Hombre 1º
Hombre 2º
Novio
Novia
Hombre 3º

Una plaza. Estatua ecuestre en el centro de la plaza. En torno a la estatua, cuatro bancos de mármol: En uno de los bancos se arrulla una pareja. Del lateral derecha un HOMBRE *que se cruza con otro* HOMBRE *que ha salido del lateral izquierda exactamente junto a la estatua.[1] Al cruzarse se inmovilizan y se dan vuelta como si se hubieran reconocido. La acción tiene lugar durante la noche.*

HOMBRE 1º: Blanco...

HOMBRE 2º: ¿Cómo ha dicho?

HOMBRE 1º: He dicho blanco.

HOMBRE 2º: *(Denegando con la cabeza.)* No... no... no... no... Blanco, no; negro.

HOMBRE 1º: He dicho blanco, y blanco tiene que ser.

HOMBRE 2º: Así que esas tenemos...[2] *(Pausa.)* Pues yo digo negro. Cámbielo si puede.

HOMBRE 1º: Y lo cambio. *(Alza la voz.)* Blanco.

HOMBRE 2º: Alza la voz para aterrorizarme, pero no irá muy lejos. Yo también tengo pulmones. *(Gritando.)* Negro.

HOMBRE 1º: *(Ya violento agarra a* HOMBRE 2º *por el cuello.)* Blanco, blanco y blanco.

HOMBRE 2º: *(A su vez agarra por el cuello a* HOMBRE 1º *, al mismo tiempo que se libra del apretón de éste con un brusco movimiento.)* —Negro, negro y negro.

HOMBRE 1º: *(Librándose con igual movimiento del apretón del* HOMBRE 2º*, frenético.)* Blanco, blanco, blancooooo...

HOMBRE 2º: *(Frenético.)* Negro, negro, negrooooo...

Las palabras «blanco» y «negro» llegan a ser ininteligibles. Después sobreviene el silencio. Pausa larga. HOMBRE 1º *ocupa un banco.* HOMBRE 2º *ocupa otro banco. Desde el momento en que ambos hombres empezaron a gritar, los novios han suspendido sus caricias y se han dedicado a mirarlos con manifiesta extrañeza.*

◆ ◆ ◆

1. Del lateral... la estatua. *From stage right a man enters and crosses paths, just beside the statue, with a man who has entered from stage left.*   2. Así que esas tenemos *So that's the way it's going to be.*

NOVIO: *(A la* NOVIA.*)* Hay muchos locos sueltos...

NOVIA: *(Al* NOVIO, *riendo.)* Y dilo... *(Pausa.)* El otro día...

NOVIO: *(Besando a la* NOVIA.*)* Déjalos. Cada loco con su tema.[3] El mío es besarte. Así. *(Vuelve a hacerlo.)*

NOVIA: *(Al* NOVIO, *un tanto bruscamente.)* Déjame hablar. Siempre que voy   5
a decir algo me comes a besos. *(Pausa.)* Te figuras que soy nada más que una muñequita de carne...

NOVIO: *(Contemporizando.)* Mima, yo no creo eso.

NOVIA: *(Al* NOVIO, *más excitada.)* Sí que lo crees. Y más que eso. *(Pausa.)* El otro día me dijiste que los hombres estaban para pensar y las mujeres   10
para gozar.

NOVIO: *(Riendo.)* ¡Ah, vaya! ¿Es eso lo que tenías guardado? Por eso dijiste : «El otro día...»

NOVIA: *(Moviendo la cabeza.)* No, no es eso. Cuando dije «el otro día» es que iba a decir... *(Se calla.)*   15

NOVIO: *(Siempre riendo.)* Acaba por decirlo.[4]

NOVIA: *(Con mohín de pudor.)* Es que me da pena.

NOVIO: *(Enlazándole la cintura con ambos brazos.)* Pena con tu papi...[5]

NOVIA: Nada, que el otro día un loco se me declaró y si no llega a ser por un perro, lo paso muy mal.[6] Figúrate que... *(Se calla.)*   20

NOVIO: *(Siempre riendo.)* ¿Qué hizo el perro? ¿Lo mordió?

NOVIA: No, pero le ladró, el loco se asustó y se mandó a correr.[7]

NOVIO: *(Tratando de besarla de nuevo.)* Bueno, mima, ya lo dijiste. Ahora déjate dar besitos por tu papi. *(Une la acción a la palabra.)*

HOMBRE 2º: *(Mostrando el puño a* HOMBRE 1º, *lo agita por tres veces.)* Negro.   25

HOMBRE 1º: *(Negando por tres veces con el dedo índice en alto.)* Blanco.

NOVIO: *(A la* NOVIA.*)* Esto va para largo.[8] Mima, vámonos de aquí. *(La coge por la mano.)*

NOVIA: *(Negándose.)* Papi, ¡qué más te da!... Déjalos que griten.

NOVIO: *(Resignado.)* Como quieras. *(Con sensualidad.)* ¿Quién es tu papito   30
rico?[9]

NOVIA: *(Con sensualidad.)* ¿Y quién es tu mamita rica?

HOMBRE 1º: *(Se para, se acerca a la pareja, pregunta en tono desafiante.)* ¿Blanco o negro?

NOVIO: *(Creyendo habérselas con un loco.[10])* Lo que usted prefiera, mi   35
amigo.

◆ ◆ ◆

3. Cada loco con su tema. *Every person is crazy in some way.* 4. Acaba por decirlo. *Go on and say it.* 5. Pena con tu papi *Embarrassed in front of your sweetie pie* 6. y si no... muy mal *and if it hadn't been for a dog, I would have had a hard time* 7. se mandó a correr *he took off running* 8. Esto va para largo *This is getting to be too much.* 9. ¿Quién es tu papito rico? *Who's your sweetie pie?* 10. Creyendo habérselas con un loco *Thinking that he is dealing with a lunatic.*

Virgilio Piñera

HOMBRE 1º: Lo que yo prefiera, no. ¿Blanco o negro?
NOVIO: *(Siempre en el mismo temperamento.)* Bueno, la verdad que no sé...
HOMBRE 1º: *(Enérgico.)* ¡Cómo que no sabe! ¿Blanco o negro?
NOVIA: *(Mirando ya a HOMBRE 1º ya a su NOVIO, de súbito.)* Blanco.
5   NOVIO: *(Mirando a su NOVIA y dando muestras de consternación.)* ¿Blanco?...
No; blanco, no; negro.
NOVIA: *(Excitada.)* Que te crees tú eso.[11] He dicho blanco.
NOVIO: *(Persuasivo.)* Mima, ¿me vas a llevar la contraria?[12] *(Pausa.)* Di
negro, como tu papi lo dice.
10   NOVIA: *(Con mohín de disgusto.)* ¿Y por qué te voy a dar el gusto?[13] Cuando el loco preguntó, yo dije blanco. *(Pausa.)* Vamos a ver: ¿por qué también no dijiste blanco?
NOVIO: *(Siempre persuasivo, pero con violencia contenida.)* Mima, di negro,
complace a tu papi. ¿Qué más te da decirlo?
15   NOVIA: Pídeme lo que quieras, menos que diga negro. Dije blanco, y
blanco se queda.
NOVIO: *(Ya violento.)* ¿De modo que le das la razón a ese tipejo y me la
quitas a mí? *(Pausa.)* Pues vete con él.
NOVIA: *(Con igual violencia.)* ¡Ah!, ¿sí? ¿Conque chantaje? Pues oye: ¡blan-
20   co, blanco, blanco, blanco! *(Grita hasta desgañitarse, terminando en un
acceso de llanto. Se deja caer en el banco ocultando la cara entre las manos.)*
HOMBRE 1º: *(Se arrodilla a los pies de la NOVIA, saca un pañuelo, le seca las
lágrimas, le toma las manos, se las besa, con voz emocionada y un tanto en
falsete:)* ¡Gracias, señorita, gracias! *(Pausa. Se para. Gritando:)* ¡Blanco!
25   NOVIA: *(Mirándolo extrañada.)* ¿Quién le dio vela en este entierro?[14]
(Pausa.) ¡Negro, negro, negro!
NOVIO: *(Se sienta junto a la NOVIA, le coge las manos, se las besa.)* Gracias,
mami; gracias por complacer a tu papi. *(Hace por besarla, pero ella hurta
la cara.)*
30   NOVIA: ¡Que te crees tú eso! ¡Blanco, blanco!
HOMBRE 1º: *(A la NOVIA.)* Así se habla.[15]
NOVIO: *(Al HOMBRE 1º, agresivo.)* Te voy a partir el alma...
HOMBRE 2º: *(Llegando junto al NOVIO.)* Déle dos bofetadas, señor. Usted es
de los míos.
35   NOVIO: *(A HOMBRE 2º.)* No se meta donde no lo llaman.
HOMBRE 2º: *(Perplejo.)* Señor, usted ha dicho, como yo, negro.
NOVIO: *(A HOMBRE 2º.)* ¡Y qué! Pues digo blanco. ¿Qué pasa?
NOVIA: *(Amorosa.)* Duro y a la cabeza, papi. Te quiero mucho.

◆ ◆ ◆

11. Que te crees tú eso. *So that's what you think.*   12. Mima, ¿me vas a llevar
la contraria? *Sweetie, are you going to contradict me?*   13. ¿Y por qué te voy a
dar el gusto? *And why should I try to please you?*   14. ¿Quién... entierro? *Who
asked your opinion? (More literally, it is "Who gave you a candle to carry in this
funeral?")*   15. Así se habla. *That's the way to tell him.*

NOVIO: *(A la NOVIA.)* Sí, mami; pero eso es aparte. No le permito a ese tipejo que hable en mi nombre. Si digo negro es porque yo mismo lo digo.
NOVIA: *(Al NOVIO.)* Pero ahora mismo acabas de decir blanco.
NOVIO: *(A la NOVIA.)* Por llevarle la contraria, mami; por llevársela.[16] 5
(Pausa.) Desde un principio dije negro, y si tú me quieres también debes decir negro.
NOVIA: *(Categórica.)* Ni muerta me vas a oír decir negro. Hemos terminado. *(Adapta una actitud desdeñosa y mira hacia otro lado.)*
NOVIO: *(Igual actitud.)* Bueno, cuando te decidas a decir negro me avisas. 10
(Se sienta en otro banco.)

HOMBRE 1º y HOMBRE 2º *ocupan los dos bancos restantes. La escena se oscurece hasta un punto en que no se distinguirán las caras de los actores. Se escuchará en sordina, cualquier marcha fúnebre por espacio de diez segundos. De nuevo se* 15
hace luz.

NOVIO: *(Desde su banco, a la NOVIA.)* ¿Cómo se llama este parque?
NOVIA: *(Con grosería, sin mirarlo.)* Ni lo sé ni me importa.
NOVIO: *(Se para, va al banco de su NOVIA, se sienta junto a ella.)* Vamos, 20
mami, no es para tanto… *(Trata de abrazarla.)*
NOVIA: *(Se lo impide.)* Suelta… Suelta…
HOMBRE 1º: *(Desde su banco.)* Este es el Parque de los Mártires.
NOVIA: *(Sin mirar a HOMBRE 1º.)* No me explico, solo se ve un mártir.
HOMBRE 1º: *(A la NOVIA.)* Se llama Parque de los Mártires desde hace 25
veinticinco años. Hace diez erigieron la estatua ecuestre. Es la del general Montes.
HOMBRE 2º: *(Se para, camina hacia el banco donde están los novios.)* Perdonen que intervenga en la conversación. *(Pausa.)* Sin embargo, les interesará saber que el general Montes fue mi abuelo. 30
HOMBRE 1º: *(Se para, camina hacia el banco donde están los novios. A HOMBRE 2º.)* ¿Es cierto, como se dice, que el general murió loco?
HOMBRE 2º: Muy cierto. Murió loco furioso.
HOMBRE 1º: *(A HOMBRE 2º.)* Se dice que imitaba el ladrido de los perros. ¿Qué hay de verdad en todo esto? 35
HOMBRE 2º: *(A HOMBRE 1º.)* No solo de los perros, también de otros animales. *(Pausa.)* Era un zoológico ambulante.
HOMBRE 1º: *(A HOMBRE 2º.)* La locura no es hereditaria.
HOMBRE 2º: *(A HOMBRE 1º.)* No necesariamente. Que yo sepa, en mi familia ha sido el único caso. 40
NOVIA: *(A HOMBRE 2º.)* Perdone, pero soy tan fea como franca. Para mí,

◆ ◆ ◆

16. Por llevarle… llevársela. *So as not to agree with him, sweetie; just so I could disagree.*

usted es un loco de atar.

HOMBRE 2º: *(Con suma cortesía y un dejo de ironía.)* Perdón, señorita; su opinión es muy respetable. Ahora bien: siento defraudarla. No estoy loco. Me expreso razonablemente.

5 NOVIA: *(A HOMBRE 2º.)* ¿Cuerdo usted? ¿Cuerdo se dice? ¿Y cuerdo se cree? *(Pausa.)* ¿Así que usted llega a un parque, se para y grita: «¡Negro!», y cree estar cuerdo? *(Pausa.)* Pues mire, por menos que eso hay mucha gente en el manicomio. *(Pausa. A HOMBRE 1º.)* Y usted no se queda atrás. Entró por allí *(Señala el lateral derecho.)* gritando «¡Blanco!».

10 HOMBRE 1º: *(A la NOVIA.)* Siempre es la misma canción. Si uno grita blanco o cualquier otra cosa, en seguida lo toman por loco. *(Pausa.)* Pues sepa que me encuentro en pleno goce de mis facultades mentales.

HOMBRE 2º: *(A la NOVIA.)* Igual cosa me ocurre a mí. Nadie, que yo sepa, está loco por gritar blanco, negro u otro color. *(Pausa.)* Vine al parque;

15 de pronto me entraron unas ganas locas de gritar algo. Pues grité «¡Blanco!» y no pasó nada, no se cayó el mundo.

NOVIO: *(A HOMBRE 2º.)* ¿Que no pasó nada?[17] Pues mire: mi novia y yo nos hemos peleado.

HOMBRE 2º: Lo deploro profundamente. *(Pausa.)* Ahora bien: le diré que

20 eso es asunto de ustedes. *(A HOMBRE 1º.)* ¿Vive por aquí?

HOMBRE 1º: No, vivo en la playa; pero una vez por mes vengo a efectuar un pago en ese edificio de la esquina. *(Señala con la mano.)* Usted comprenderá que el tramo es más corto atravesando el parque. *(Pausa.)* Y usted, ¿vive en este barrio?

25 HOMBRE 2º: Allí, en la esquina. *(Señala con la mano.)* Es la casa pintada de azul. ¿La ve? La de dos plantas. En ella murió el general.

NOVIO: *(Nervioso, a ambos hombres.)* ¡Oigan! Ustedes ahí muy tranquilos conversando después de haber encendido la candela…

HOMBRE 1º: *(Mirando a HOMBRE 2º y después mirando al NOVIO.)* ¿La can-

30 dela?… No entiendo.

NOVIO: ¡Pues claro! Se pusieron a decir que si blanco, que si negro; nos metieron en la discusión, y mi novia y yo, sin comerlo ni beberlo,[18] nos hemos peleado por ustedes.

HOMBRE 2º: *(Al NOVIO.)* Bueno, eso de sin comerlo ni beberlo se lo cuenta

35 a otro. Usted se decidió por negro.

NOVIO: Porque ella dijo blanco. *(Pausa. A la NOVIA.)* A ver ¿por qué tenía que ser blanco?

NOVIA: *(Al NOVIO.)* ¿Y por qué tenía que ser negro? A ver, dime.

NOVIO: *(A la NOVIA.)* Mami, no empieces…

40 NOVIA: *(Al NOVIO.)* ¡Anjá! Conque no empiece…[19] ¿Y quién empezó?

◆ ◆ ◆

17. ¿Que no pasó nada? *What do you mean nothing happened?*   18. sin comerlo ni beberlo *without having any reason to be involved*   19. ¡Anja! Conque no empiece… *Just a minute! So I shouldn't begin…*

NOVIO: *(A la NOVIA.)* Mira, mami, yo lo que quiero es que no tengamos ni
un sí ni un no. ¿Qué trabajo te cuesta complacer a tu papi?
NOVIA: *(Al NOVIO.)* Compláceme a mí. Di blanco. Anda, dilo.
NOVIO: *(A la NOVIA.)* Primero muerto y con la lengua cosida. Negro he
dicho y negro seguiré diciendo.   5
HOMBRE 1º: *(Al NOVIO.)* Que se cree usted eso. Es blanco.
NOVIO: *(Se levanta, desafiante.)* ¿Qué te pasa? Está bueno ya, ¿no?[20] No me
desmoralices a mi novia. *(A la NOVIA.)* Mami, di que es negro.
NOVIA: *(Se levanta hecha una furia. Al NOVIO.)* No, no y mil veces no. Es
blanco y seguirá siendo blanco.   10
HOMBRE 1º: *(Cuadrándose y saludando militarmente.)* Es blanco. *(Al NOVIO,
presentándole el pecho abombado.)* Puede matarme, aquí está mi corazón;
pero seguiremos diciendo blanco. *(A la NOVIA.)* ¡Valor, señorita!
NOVIO: *(A HOMBRE 1º.)* Y yo te digo que es negro y te voy a hacer tragar el
blanco.   15
HOMBRE 2º: *(Gritando.)* ¡Negro, negro!
NOVIA: *(Gritando.)* ¡Blanco!
NOVIO: *(Gritando.)* ¡Negro!
HOMBRE 1º: *(Gritando.)* ¡Blanco!
HOMBRE 2º: *(Gritando.)* ¡Negro!   20

Ahora todos gritan indistintamente «blanco» o «negro». La palabras ya no se
entienden. Agitan los brazos.

HOMBRE 3º: *(Entrando por el lateral izquierda, atraviesa el parque gritando:)*   25
¡Amarillo! ¡Amarillo! ¡Amarillo!

Los cuatro personajes enmudecen y se quedan con la boca abierta y los brazos en
alto.
                                                                                   30
HOMBRE 3º: *(Vuelve sobre sus pasos, siempre gritando:)* ¡Amarillo! ¡Amarillo!
¡Amarillo! *(Desaparece. Telón.)*

Reprinted by permission of the author.

◆ ◆ ◆

20. Está bueno ya, ¿no? *That's enough now, isn't it?*

Ejercicios

a. preguntas

1. ¿Dónde pasa la acción de la obra?
2. ¿Es cierto que se reconocen los dos hombres?
3. ¿Por qué discuten los dos hombres?
4. ¿Qué quiere decir «los hombres están para pensar y las mujeres para gozar»?
5. ¿Quién se le declaró a la novia?
6. ¿Por qué corrió el loco?
7. Cuando el hombre contesta «lo que Ud. prefiera», ¿qué significa?
8. ¿Por qué cambia de color preferido la novia?
9. ¿Qué provoca la ruptura entre los novios?
10. ¿Es cierto que los colores sean el verdadero asunto de la discusión?
11. ¿Cuántos locos hay en la obra?
12. ¿Por qué no tienen nombre los personajes?
13. ¿Por qué se meten los novios en la discusión de los dos hombres?
14. ¿Por qué vuelven a pelearse los dos hombres?
15. ¿Qué significan los gritos de «amarillo» del tercer hombre?

b. temas

1. La posibilidad de comunicación interpersonal.
2. El refrán, «Cada loco con su tema».
3. El concepto científico de la verdad objetiva y verificable.
4. Las relaciones entre locura y cordura.
5. El machismo y el feminismo en la obra.
6. La importancia del nombre del parque.
7. El humorismo como medio de crítica.
8. La despersonalización y la abstracción como elementos teatrales.

◆ ◆ ◆

c. puestas en escena

1. En un momento del drama, la Novia dice «el otro día un loco se me declaró, y si no llega a ser por un perro, lo paso muy mal». Con otro estudiante, recree y presente esta escena entre la novia y el loco (se permite incluir un perro también).
2. Junto con dos estudiantes más, escriba y presente un debate sobre el uso y el significado de los colores «blanco», «negro» y «amarillo» en la sociedad contemporánea.

Historia de un flemón

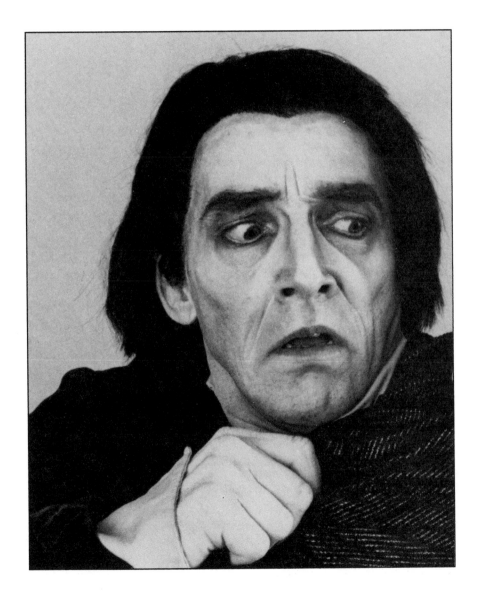

◆——————————*Osvaldo Dragún*

*B*orn in Entre Ríos, Argentina, in 1929, Dragún is the most important of the dramatists who revitalized Argentine theater beginning in the 1950s. Although he has written a number of successful plays, his earliest and still best-known success was with *Historias para ser contadas* (1957), which includes *Historia de un flemón, una mujer y dos hombres*, brief works highly critical of the mechanization and dehumanization of modern society. Since they use a simplified set, require few actors, and can be presented by small groups with limited resources, the *Historias* are a staple of university and experimental theater groups in Latin America and Spain.

Dragún's plays are characterized by theatricality and the concentration on dramatic emotion, as though they were written with the potential for acting foremost in mind. He maintains that he writes plays only when a group with which he is working needs a script; his earliest works were born in this way. This explains the emphasis on the actor and the constant effort to reduce stage machinery and setting to a minimum, characteristics clearly visible in *Historia de un flemón*. The text begins with the actors' prologue, a practice originally used in the medieval travelling popular theater, and moves directly into the action of the play, with its minimal scenery and rapid shifts of roles. The play reveals Dragún's social commitment and his conviction that marginal members of society are wrongly excluded from its benefits. Dragún's involvement with the theater and his commitment to humanity are not placed in conflict, but, as we see in *Historia de un flemón*, are skillfully made to interact.

Dragún's theater makes extensive use of short scenes and rapid action, direct interaction between the actors and the audience, music and dance, and a blend of ironic humor and tragic suffering. These characteristics are all associated with the German dramatist Bertold Brecht, and it is often said that Brecht influenced the Argentine. At the same time, Dragún is very familiar with the *sainete*, the Argentine popular theater of the late 19th and early 20th centuries, which shares most of the same characteristics. His characters are the working class or marginal types common in this theater, frequently immigrants not absorbed by the mainstream of Buenos Aires society, so that his plays are deeply rooted in Argentine reality and attitudes. The use of Buenos Aires slang and fragments of popular songs emphasize this characteristic.

The deliberate rupture of dramatic illusion created by the play's rapidity and the actors' interaction with the audience forces us to think critically about the problem presented rather than simply react to an emotional circumstance and identify with the characters. In other plays by Dragún, however, these techniques seem to work in the reverse fashion. The relations between reality and the theater are so intricate and complex that we may ask just how the audience identifies with the play's characters, if it really does. The use of the Prologue to prevent the audience from taking what is going to happen as reality, as audiences often do with television soap operas, creates a play within the play, thus creating other levels of reality and illusion which may force us to ask what reality is and to what extent the theater is only illusion.

1. Would *Historia de un flemón* be more or less effective as a social document if it attacked abuses directly rather than laughing at them?

2. Do we react to the three actors-characters as individual people in a situation, as types who represent a whole category, or as symbols? Why?

Historia de un flemón

PRÓLOGO

5
ACTOR 1º: ¡Público de la Feria, somos los nuevos Comediantes!
ACTOR 2º: Cuatro actores que van de plaza en plaza, de teatro en teatro...
ACTOR 3º: ¡Pero siempre adelante!
ACTRIZ: No se asombren de lo que aquí verán. Les traemos la ciudad...
10   ACTOR 2º: Sus hombres...
ACTOR 3º: Sus cantos...
ACTOR 1º: Sus problemas.
ACTRIZ: Somos solamente cuatro.
ACTOR 3º: Yo...
15   ACTOR 1º: Yo...
ACTOR 2º: Yo...
ACTORES 1º, 2º Y 3º: Y ella.
ACTRIZ: Pero a veces yo seré una hermana, después una madre y en seguida una esposa...
20   ACTOR 1º: ¡Y yo un viejo, o un joven, o un niño!...
ACTOR 2º: ¡Y yo un tango, y después una sombra!
ACTOR 3º: Traemos para ustedes Tres Historias de la vida cotidiana.[1]
ACTOR 3º: Si tras la sorpresa quedan ustedes pensando, eso es lo que pretendemos.
25   ACTOR 3º: Público de la Feria, muchas gracias... (*Sale* ACTOR 3º.)

Quedan dos ACTORES *y una* ACTRIZ.

ACTOR 1º: Y para comenzar, vamos a contarles la historia...
30   ACTOR 2º: de un flemón...
ACTOR 3º: una mujer...
ACTRIZ: y dos hombres.
ACTOR 2º: No piensen que nunca sucedió.
ACTRIZ: Y si lo piensan...
35   ACTOR 1º: piensen también que si no sucedió...
TODOS: les puede suceder muy pronto.
HOMBRE: Yo soy el hombre. En la historia, un vendedor callejero, uno de esos que grita: «¡A la pelotita[2]..., a la pelotita!» En Corrientes y Carlos

◆ ◆ ◆

1. Traemos... cotidiana *Here we present only one of the three* Historias de la vida cotidiana *in Dragún's original edition.* (Editor's note.)   2. A la pelotita *an exclamation used to attract attention. An English equivalent might be "Hey, look!"*

Pellegrini.[3] Cuando me ponga este pañuelo... *(Se ata un pañuelo alrededor de la cabeza.)*...significará que el flemón ha comenzado a molestarme. No lo olviden. *(Se saca el pañuelo.)*

MUJER: Yo seré en esta historia su mujer. Y si siempre me verán muy seria es porque soy su mujer. Tal vez si me hubiese casado con un inge- 5
niero... *(Suspira.)*... como quería mamá...

ACTOR 1º: En esta historia yo representaré varios personajes. Pero casi siempre seré el dentista. Para guiarlos, cuando vean que me coloco los anteojos, significa que soy el dentista. No lo olviden. Y no se extrañen de que en esta historia figure un dentista. Ah, me llamo Gutiérrez 10
Nájera.

VENDEDOR: Esta historia comenzó el día 2 de noviembre de 1956. Yo estaba trabajando... *(Lo hace.)* ¡A la pelotita, a la pelotita!...

ESPOSA: Yo estaba cocinando... *(Lo hace.)*

DENTISTA: *(Se pone los anteojos.)* Y yo no los conocía. 15

VENDEDOR: ¡A la pelotita... a la pelotita! ¡A la pelotita... a la pelotita!...
Estoy en la esquina de Carlos Pellegrini y Corrientes. Carlos Pellegrini y Corrientes es famosa por dos cosas. Por abajo pasan tres líneas de subterráneos, y por arriba, como un monumento, han puesto el obelisco.[4] No una pirámide egipcia. El obelisco. ¡A la pelotita..., a la pelotita! 20

ESPOSA: El obelisco. Siempre me habla del obelisco. No sé qué podrá significar para él. Para los que viajan en avión, sí. Pero para él, que lo mira de abajo... Me imagino que si pensara menos en el obelisco trabajaría más, y yo podría tener una sirvienta.

VENDEDOR: ¡A la pelotita..., a la pelotita! 2 de noviembre de 1956. Les 25
cuento esta historia para que sepan que estas cosas suceden. No creo que puedan ayudarme. Creí que el dentista lo haría, y no pudo ayudarme.

DENTISTA: Lo siento. Me llamo Gutiérrez Nájera.

VENDEDOR: Y mi mujer... 30

ESPOSA: Yo estoy cocinando. Hace trescientos seis días que estoy cocinando.

VENDEDOR: El día es hermoso. Yo estoy trabajando. El día es hermoso. ¡Rhum! El «subte» que va a Palermo.[5]

«¡Palermo, me tenés[6] 35
seco y enfermo,

◆ ◆ ◆

3. Corrientes y Carlos Pellegrini *two major streets in Buenos Aires*   4. el obelisco *a tall, tapering pillar and popular landmark in downtown Buenos Aires, shaped much like the Washington Monument*   5. ¡Rhum!... Palermo *Rhoom! (the sound the subway makes), the subway that goes to the District of Palermo (in Buenos Aires)*   6. tenés tienes *Here and later in this play there are examples of* voseo, *a special usage of a familiar form of address found in many Spanish-American countries. Vos replaces* tú *as the subject pronoun in the second person singular.*

mal vestido y sin
morfar!»[7]
Me alegra que la gente recuerde que hay un «subte» que va a Palermo.
¡A la pelotita..., a la pelotita! Algunos nenes van a la escuela. *(El ACTOR*
5   *se transforma en un colegial y comienza a pasear delante de él.)* ¿Por qué vas
a la escuela?
COLEGIAL 1º: Porque queda cerca...
VENDEDOR: ¿Por qué vas a la escuela?
COLEGIAL 2º: Porque me mandan.
10 VENDEDOR: Por qué vas a la escuela?
COLEGIAL 3º: *(Vuelve a pasar.)* Porque mi papá no sabe leer.
VENDEDOR: El día es hermoso. Hace años que vendo por la calle. Antes
me hacía sufrir el depender del sí o el no de los otros. Ahora comprendo
que todos dependen del no o el sí de los demás, y me acostumbré.
15 Quiero decir que esta mañana era igual a cualquiera. Yo trabajaba...
ESPOSA: Yo cocinaba...
DENTISTA: Y yo no los conocía.
VENDEDOR: ¡A la pelotita..., a la pelotita! Y de repente llegamos a la historia: ¡Ay! Comienzo a sentir un dolor en una muela. ¡A la pelotita..., a
20 la pelotita! En serio que me duele mucho. Bueno, no puedo ir a la farmacia. Y nunca llevo conmigo un geniol. ¡A la pelotita..., a la pelotita!
¿Por qué vas a la escuela?
ACTOR: No voy a la escuela. Tengo que trabajar.
VENDEDOR: ¡Eh, pibe!... Debía haberle preguntado...; parecía tan chiquito.
25 ¡Pero el dolor no me deja tranquilo! ¡Cómo me duele! Yo debo trabajar;
tal vez abriendo más la boca... *(Lo hace.)* ¡A-la-pelo-tita..., a-la-pelo-
tita... ¡Ahora no puedo cerrar la boca! ¡A la...! ¡Se está hinchando!...
¡Este sol del diablo me calienta la cara y me hace doler más fuerte! ¡A la
peloti...! Y este viento que me enfría la cara y me hace doler más
30 fuerte... Debo tener un flemón. No sé por qué, pero debo tener un
flemón. Cuando tenía cinco años, mamá me ponía un pañuelo. *(Se pone
el pañuelo.)*
ESPOSA: Y así fue como ese día 2 de noviembre él llegó a casa con un
flemón y con la cara atada con un pañuelo. No es nada, tenés que
35 tomar un geniol.
VENDEDOR: No voy a comer. Me duele mucho.
ESPOSA: No es para tanto.[8] Tenés que comer.
VENDEDOR: ¡Tengo que trabajar..., y no puedo abrir ni cerrar la boca!
¿Cómo voy a trabajar si no puedo abrir ni cerrar la boca?

◆ ◆ ◆

7. *Here and on two subsequent occasions Dragún incorporates a fragment from a
well-known tango, apparently to give the play a popular feeling. The verb* morfar *is
from Argentine slang, and means "to eat."*   8. No es para tanto. *It's not such a big
deal.*

DENTISTA: En realidad, como yo le dije más tarde, era cuestión de tiempo.

VENDEDOR: ¡No tengo tiempo! Esta tarde debo volver a trabajar...

ESPOSA: ¡Toma un saridón! Calma más rápido. Y esta tarde tenés que volver a trabajar...

VENDEDOR: Y esa tarde volví a trabajar. La cara se me hinchaba cada vez   5
más. *(Les muestra.)* Fíjense. En otros días me gustaba oír a la gente discutir de política. Hoy no lo soporto. Es el flemón. En otros días me quedaba siempre una oreja libre para escuchar a las chicas hablar de sus novios. Hoy el pañuelo me aprieta la cabeza. Es el flemón. Ahora sólo existimos yo y el flemón. No puedo gritar. Y como no puedo gritar, 10
no vendo nada.

ESPOSA: Y cuando volvió me dijo que no había vendido nada. Me pareció absurdo que hiciera eso, justamente a principios de mes. ¡No podés seguir así! Mañana mismo vas al consultorio del dentista.

VENDEDOR: ¡No tengo tiempo! Tengo que trabajar.   15

ESPOSA: ¡Ya sé que no tenés tiempo! Pero si bajás la escalera corriendo, es un minuto; si cruzás la calle en la mitad de cuadra y no pasan coches, son treinta segundos; si vas corriendo al consultorio del dentista, son cinco minutos; si tocás el timbre apenas llegas, son diez segundos...

DENTISTA: Buenas tardes. Por supuesto, usted tiene un flemón.   20

VENDEDOR: *(Con la boca abierta.)* Ajá.

DENTISTA: Eso es todo.

VENDEDOR: ¿Cuándo me saca la muela? Tengo que trabajar.

DENTISTA: Por supuesto. Primero va a ir a esta dirección para que le hagan una radiografía.   25

VENDEDOR: ¿Tardará mucho? Tengo que trabajar...

DENTISTA: Dos días nada más. Son cien pesos la visita. *(Al público.)* Me llamo Gutiérrez Nájera, ustedes saben.

VENDEDOR: Y como eran mis últimos cien pesos tuve que empeñar el reloj. Y ahora voy corriendo, porque no tengo tiempo, a sacarme la   30
radiografía. Uno, dos, treinta..., bajo la escalera en medio minuto, uno, dos, sesenta...; cruzo la calle en un minuto, uno, dos, trescientos...; llego en cinco minutos.

DENTISTA: Y fue a la clínica. Tenía un flemón, eso era muy claro.

VENDEDOR: Me costó doscientos pesos.   35

ESPOSA: Volvió a casa con la cara más hinchada que antes. Le di otro saridón, pero no lo calmó. Se sentaba...

VENDEDOR: Me sentaba... ¡Maldito dolor!

ESPOSA: Se paraba...

VENDEDOR: Me paraba... ¡Maldito dolor!   40

ESPOSA: Quise leerle una poesía divina que había visto en un libro... *(El VENDEDOR sale.)* ...pero abrió la puerta y se fue. ¿Por qué siempre se porta igual? Cuando vuelve a casa, después del trabajo, y quiero contarle que un astrónomo descubrió una estrella nueva y que la llamó Lucía, como yo, él se queda dormido.

VENDEDOR: ¿Por qué tenía que salirme un flemón?[9] ¡Yo tengo que trabajar! ¡A la pelo...! ¡No puedo, no puedo, ¿Así es Buenos Aires de noche?

5 «Si supieras
que aún dentro de mi alma
conservo aquel cariño
que tuve para ti...»
¡A nadie le importa mi flemón!

10 ESPOSA: ¡A mí me importaba; y era principios de mes y él no podía trabajar! ¿Qué vas a hacer? ¿Voy a tener que volver a buscar trabajo?

VENDEDOR: ¡Hoy voy a gritar aunque el flemón se me reviente! ¡A la pelotita! *(Comienza casi a llorar.)* ¡A la pelotita..., a la pelotita!... ¡Mamá! ¿Te acordás cuando tenía papera y lloraba? No puedo, no puedo, no

15 puedo...

DENTISTA: Y volvió con la radiografía. Estaba más flaco, y casi no lo reconocí.

VENDEDOR: Aquí está, doctor.

ESPOSA: Para pagarla tuvimos que vender el juego de té. Total, yo ya me

20 imaginaba que no tomaríamos té por un buen tiempo.[10]

VENDEDOR: Es un flemón. ¿Cuándo me saca la muela? Tengo que trabajar.

DENTISTA: Por supuesto, todos tenemos que trabajar. Será muy sencillo. Luego un poco de reposo, no hablar ni una palabra, y después de siete

25 días estará como nuevo...

VENDEDOR: ¿Qué?...

DENTISTA: No pude terminar de hablar. Me miró como un loco y salió corriendo. Tuve que mandar a la enfermera a cobrarle.

ESPOSA: Vendimos la batería de cocina[11] para pagarle. Además, él no

30 comía.

VENDEDOR: ¡No puedo estar siete días sin hablar! Yo trabajo hablando...

ESPOSA: Trata de hacer un esfuerzo. *(Le toma las mandíbulas con las manos y empieza a separárselas.)* ¿Ves..., ves como no es tan difícil? Decí ahora a la-pelo-tita...

35 VENDEDOR: A la pelotita...

ESPOSA: ¿Ves..., ves? ¡Todo es cuestión de hacer un esfuerzo!

VENDEDOR: Pero no pude. ¡A la pelotita..., a la...! No pude, no pude, no pude.

DENTISTA: Y volvió de nuevo. No hablar ni una palabra, y después de

40 siete días...

VENDEDOR: ¡No tengo tiempo, doctor! Sáqueme la muela. No tengo

◆ ◆ ◆

9. ¿Por qué... flemón? *Why did I have to have an abscess?* 10. un buen tiempo *a good while* 11. batería de cocina *set of pots and pans*

tiempo.

DENTISTA: Imposible, señor. Si se le infecta yo seré el responsable. Un flemón es un flemón.

ESPOSA: Entonces fui yo a hablar con el dentista.

DENTISTA: Imposible, señora. Si se le infecta yo seré el responsable. Un 5 flemón es un flemón.

ESPOSA: ¡Pero él es muy resistente, doctor! Parece mentira tan esmirriado, y las cosas que soportó en su vida. Sáquele la muela...

VENDEDOR: No me sacó la muela. Y mi cara parecía una sandía. Ya nunca más volvería a vivir sin el flemón. 10

DENTISTA: Yo le advertí que si no se operaba podía subirle la infección a la cabeza.

ESPOSA: Yo le dije esa tarde que hiciera el último esfuerzo. ¡Pero les juro que dije «último» por decir!

VENDEDOR: Tengo que poder..., tengo que poder... 15

ESPOSA: ¡Claro que tenés que poder! ¿Cómo un dolor te va a impedir trabajar?

VENDEDOR: Y me fui. Cuando salí pensaba en ella... y creo que la odiaba. Y me fui...

ESPOSA: ¿Por qué le dije eso? Recuerdo un día..., íbamos en tranvía y le 20 pisaron un callo...; le dolió mucho..., y yo lo acaricié durante dos días. Y ahora..., ¡por qué le dije eso? ¿Qué pasó en nuestras vidas que me hizo decirle eso?

VENDEDOR: Carlos Pellegrini y Corrientes... tengo que abrir la boca... ¡A la pelotita! Me duele, me duele tanto... ¡A la pelotita! Tres subtes y el 25 obelisco. ¡A la pelotita... Carlos Pelle-grini... dicen que era un presidente argentino...; era rico, claro... no tenía que hablar... ¡A la pelotita! ¡A nadie le importa mi flemón! Recuerdo que un día pasaba por el cementerio..., enterraban a uno, la gente silbaba y yo también silbaba. A nadie le importa mi flemón. ¡Oiganme! Me duele. Me duele mucho. 30 Tengo un flemón...

ACTOR: Un flemón es una molestia.

ACTRIZ: Un flemón es un trastorno.

ACTOR: Debería consultar con un dentista.

ACTRIZ: ¡Pobrecito! 35

VENDEDOR: Mamá... tengo paperas y vos me acariciás... ¿Por qué a nadie le importa de mí? ¿Vos sabías que era así? Mamá...

ACTRIZ: ¡Pobrecito!

VENDEDOR: Está anocheciendo... y ya casi no me duele. Ahora mi cara no es una sandía, es un globo... ¿Así es Buenos Aires de noche? 40

«Si supieras
que aún dentro de mi alma...»

¡Oiganme, tiene que importarles de mí..., porque cuando yo muera va a faltarles un pedazo![12] ¡Oiganme! ¡Estos tres subtes solamente sirven si son mi sangre y corren por mis venas! ¡Oiganme! ¡No pasen silbando a mi lado! Ya no me duele, sí..., pero mi cara, ¿no les dice nada? ¿Ninguno de ustedes se parece a mi cara? ¿Ninguno de ustedes tiene un flemón? Oiganme entonces y sepan que tengo que trabajar y que no tengo tiempo, y que ahora el obelisco es el monumento a un faraón muerto! ¡A la pelotita..., a la pelo...! *(Muere.)*

◆ ◆ ◆

12. va... pedazo *you're going to miss me.*

Ejercicios

a. preguntas

1. En el prólogo, ¿por qué los actores van de plaza en plaza?
2. ¿Cómo puede la actriz ser hermana, madre, y esposa?
3. ¿Cómo se gana la vida el hombre?
4. ¿Por qué se pone un pañuelo el hombre?
5. ¿Por qué se pone anteojos el primer actor?
6. ¿Cúal es la importancia que tiene para el vendedor el obelisco?
7. ¿Por qué van a la escuela los colegiales?
8. ¿Por qué el vendedor ya no sufre por depender de los demás?
9. ¿Qué le impide ir a la farmacia?
10. ¿Por qué no puede trabajar el vendedor?
11. ¿Por qué no soporta el vendedor que la gente discuta de política?
12. Cuando su mujer quiere leerle y contarle cosas, ¿por qué se opone el vendedor?
13. ¿Por qué tuvieron que vender tantas cosas el vendedor y su mujer?
14. ¿Por qué ya no le duele la muela?
15. Cuando el dentista dice que no entiende por qué no se operó el vendedor, ¿qué nos dice del dentista?

b. temas

1. La vida cotidiana de la familia tal y como se refleja en la obra.
2. La independencia del individuo en la sociedad moderna.
3. La importancia del tiempo en la vida actual.
4. El sistema de salud pública tal y como se muestra en la obra.
5. La profesión de vendedor ambulante.
6. La mutua incomprensión de los esposos en la obra.
7. La falta de muebles o de gran aparato escenográfico, y su importancia simbólica.
8. La realidad vs. la ilusíon en la obra.

◆ ◆ ◆

c. puestas en escena

1. La acción de *Historia de un flemón* empieza un dos de noviembre. Imaginemos que el Vendedor y su Esposa salieron a dar un paseo la noche anterior. Junto con otro alumno, escriba y presente un diálogo que pudiera haber ocurrido entre ellos durante ese paseo—el trabajo, el dinero, el deseo de tener una criada, el tiempo (*weather*), etc.

2. Sabemos que el Vendedor muere al final de *Historia de un flemón*. Escriba y lea para la clase un anuncio de su muerte que pudiera encontrarse en un periódico o revista sensacionalista, o en un programa de noticias en la televisión o la radio.

Decir sí

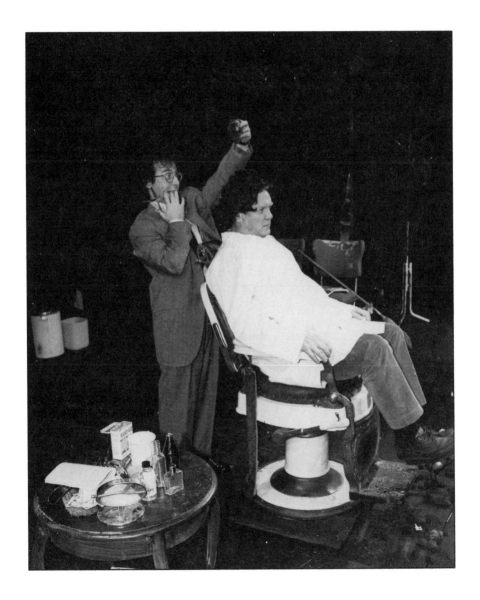

◆————————————*Griselda Gambaro*

*A*lthough Griselda Gambaro, born in Argentina in 1928, has written short stories and novels, she is best known for plays that present individuals lost in a world that seems to be operating without any rules. Her characters do not seem to have any real understanding of what is happening to them. The origins of her works are in the European theater of the absurd, which sees existence as absurd and lacking in meaning. However, where the absurd is basically apolitical, Gambaro's work is rooted in the idea that we are all victimized by one another, in a struggle in which even the winners ultimately lose. In *El campo*, one of her most powerful plays, life is seen as an enormous concentration camp whose prisoners do not even seem to understand where they are.

Gambaro's works tend to center around the abuse of power in nonrealistic settings whose logic resembles nightmare more than life. The strength of her plays lies in the way her carefully individualized characters give depth to their settings. Their personalities underline the themes. One of her most effective techniques is to establish a contrast between different levels of communication: what characters say can be violently opposed to what they do, as in *El campo*. Or, as in *Decir sí*, our expectations are violently frustrated, and the unexpected becomes an opening to a different and frightening world. In this sense, the nonverbal codes are particularly significant in her theater, and ironic contrasts are dramatically important. In *Decir sí*, as in several of her works, the reversal of roles leads to disconcerting situations charged with unreality and inexplicable menace.

◆ ◆ ◆

1. Who is more "realistic," the *Peluquero* or the *Hombre*?
2. What are the implications of reversal of roles, and what is the significance of the ending?

Decir sí

personajes

Hombre 5

Peluquero

Interior de una peluquería. Una ventana y una puerta de entrada. Un sillón giratorio de PELUQUERO, *una silla, una mesita con tijeras, peine, utensilios para afeitar. Un paño blanco, grande, y unos trapos sucios. Dos tachos en el suelo, uno* 10 *grande, uno chico, con tapas. Una escoba y una pala. Un espejo movible de pie. En el suelo, a los pies del sillón, una gran cantidad de pelo cortado. El* PELU-QUERO *espera su último cliente del día, hojea una revista sentado en el sillón. Es un hombre grande, taciturno, de gestos lentos. Tiene una mirada cargada, pero inescrutable. No saber lo que hay detrás de esta mirada es lo que desconcierta. No* 15 *levanta nunca la voz, que es triste, arrastrada. Entra* HOMBRE, *es de aspecto muy tímido e inseguro.*

HOMBRE: Buenas tardes.

PELUQUERO: *(Levanta los ojos de la revista, lo mira. Después de un rato.)...* 20 tardes... *(No se mueve.)*

HOMBRE: *(Intenta una sonrisa, que no obtiene la menor respuesta. Mira su reloj furtivamente. Espera. El* PELUQUERO *arroja la revista sobre la mesa, se levanta, como con furia contenida. Pero en lugar de ocuparse de su cliente, se acerca a la ventana y dándole la espalda, mira hacia afuera.* HOMBRE, *conci-* 25 *liador.)* Se nubló. *(Espera. Una pausa.)* Hace calor. *(Ninguna respuesta. Se afloja el nudo de la corbata, levemente nervioso. El* PELUQUERO *se vuelve, lo mira, adusto. El* HOMBRE *pierde seguridad.)* No tanto... *(Sin acercarse, estira el cuello hasta la ventana.)* Está despejando. Mm... mejor. Me equivoqué. *(El* PELUQUERO *lo mira, inescrutable, inmóvil.* HOMBRE.)* Quería... *(Una* 30 *pausa. Se lleva la mano a la cabeza con un gesto desvaído.)* Si... si no es tarde... *(El* PELUQUERO *lo mira sin contestar. Luego le da la espalda y mira otra vez por la ventana.* HOMBRE, *ansioso.)* ¿Se nubló?

PELUQUERO: *(Un segundo inmóvil. Luego se vuelve. Bruscamente.)* ¿Barba?

HOMBRE: *(Rápido.)* No, barba, no. *(Mirada inescrutable.)* Bueno... no sé. 35 Yo... yo me afeito. Solo. *(Silencio del* PELUQUERO.)* Sé que no es cómodo, pero... Bueno, tal vez me haga la barba.[1] Sí, sí, también barba. *(Se acerca al sillón. Pone el pie en el posapié. Mira al* PELUQUERO *esperando el ofreci-miento. Leve gesto oscuro del* PELUQUERO. HOMBRE *no se atreve a sentarse. Saca el pie. Toca el sillón tímidamente.)* Es fuerte este sillón, sólido. De... 40 de madera. Antiguo. *(El* PELUQUERO *no contesta. Inclina la cabeza y mira fijamente el asiento del sillón.* HOMBRE *sigue la mirada del* PELUQUERO. *Ve*

◆ ◆ ◆

1. tal vez me haga la barba *perhaps you can trim my beard.*

pelos cortados sobre el asiento. Impulsivamente los saca, los sostiene en la
mano. Mira al suelo...) ¿Puedo?... (Espera. Lentamente, el PELUQUERO *niega*
con la cabeza. HOMBRE *conciliador.)* Claro, es una porquería. *(Se da cuenta*
de que el suelo está lleno de cabellos cortados. Sonríe confuso. Mira el pelo en
5   *su mano, el suelo, opta por guardar los pelos en su bolsillo. El* PELUQUERO,
instantánea y bruscamente, sonríe. HOMBRE *aliviado.)* Bueno... pelo y...
barba, sí barba. *(El* PELUQUERO *se inclina y observa el respaldo, adusto.* HOM-
BRE *lo mira, sigue luego la dirección de la mirada. Con otro rapto, impulsivo,*
limpia el respaldo. Contento.) Ya está. A mí no me molesta... *(El* PELU-
10   QUERO *lo mira, inescrutable. Se desconcierta.)* dar una mano... Para eso
estamos,[2] ¿no? Hoy me toca a mí, mañana a vos. ¡No lo estoy tuteando!
Es un dicho que... anda por ahí. *(Espera. Silencio e inmovilidad del* PELU-
QUERO.) Usted... debe estar cansado. ¿Muchos clientes?
PELUQUERO: *(Parco.)* Bastantes.
15   HOMBRE: *(Tímido.)* Mm... ¿me siento? *(El* PELUQUERO *niega con la cabeza,*
lentamente. HOMBRE.) En resumidas cuentas, no es... necesario. Quizás
usted corte de parado.[3] No es lo mismo, claro, pero uno está más firme.
¡Si tiene buenas piernas! *(Ríe. Se interrumpe.)* No todos... ¡Usted sí! *(El*
PELUQUERO *no lo atiende. Observa fijamente el suelo.* HOMBRE *sigue su mira-*
20   *da. El* PELUQUERO *lo mira, como esperando determinada actitud.* HOMBRE
recoge rápidamente la alusión. Toma la escoba y barre. Amontona los pelos
cortados. Mira al PELUQUERO, *contento. El* PELUQUERO *vuelve la cabeza hacia*
la pala, apenas si señala un gesto de la mano. El HOMBRE *reacciona veloz-*
mente. Toma la pala, recoge el cabello del suelo, se ayuda con la mano. Sopla
25   *para barrer los últimos, pero desparrama los de la pala. Turbado, mira a su*
alrededor, ve los tachos, abre el más grande. Contento.) ¿Los tiro aquí? *(El*
PELUQUERO *niega con la cabeza.* HOMBRE *abre el más pequeño.)* ¿Aquí? *(El*
PELUQUERO *asiente con la cabeza.* HOMBRE, *animado.)* Listo. *(Gran sonrisa.)*
Ya está. Más limpio. Porque si se amontona la mugre es un asco. *(El*
30   PELUQUERO *lo mira, oscuro.* HOMBRE *pierde seguridad.)* No... oo. No quise
decir que estuviera sucio. Tanto cliente, tanto pelo. Tanta cortada de
pelo, y habrá pelo de barba también, y entonces se mezcla que...[4]
¡Cómo crece el pelo! ¿eh? ¡Mejor para usted! *(Lanza una risa estúpida.)*
Digo, porque... Si fuéramos calvos, usted se rascaría. *(Se interrumpe.*
35   *Rápidamente.)* No quise decir esto. Tendría otro trabajo.
PELUQUERO: *(Neutro.)* Podría ser médico.
HOMBRE: *(Aliviado.)* ¡Ah! ¿A usted le gustaría ser médico? Operar, curar.
Lástima que la gente se muere ¿no? *(Risueño.)* ¡Siempre se le muere la

◆ ◆ ◆

2. Para eso estamos *That's what we're here for.*   3. Quizás usted corte de parado *Maybe you like to give haircuts with the customer standing up.*   4. Tanto
cliente... mezcla que *So many customers, so much hair. So many haircuts, and*
there are probably beard clippings, too, and then it all gets mixed together, and...

gente a los médicos![5] Tarde o temprano… *(Ríe y termina con un gesto. Rostro muy oscuro del* PELUQUERO. HOMBRE *se asusta.)* ¡No, a usted no se le morirá! Tendría clientes, pacientes, de mucha edad, *(Mirada inescrutable.)* longevos. *(Sigue la mirada.)* ¡Seríamos inmortales! Con usted de médico, ¡seríamos inmortales!   5
PELUQUERO: *(Bajo y triste.)* Idioteces. *(Se acerca al espejo, se mira. Se acerca y se aleja, como si no se viera bien. Mira después al* HOMBRE, *como si éste fuera culpable.)*
HOMBRE: No se ve. *(Impulsivamente, toma el trapo con el que limpió el sillón y limpia el espejo. El* PELUQUERO *le saca el trapo de las manos y le da otro más*   10
chico. HOMBRE.*)* Gracias. *(Limpia empeñosamente el espejo. Lo escupe. Refriega. Contento.)* Mírese. Estaba cagado de moscas.[6]
PELUQUERO: *(Lúgubre.)* ¿Moscas?
HOMBRE: No, no. Polvo.
PELUQUERO: *(Idem.)* ¿Polvo?   15
HOMBRE: No, no. Empañado. Empañado por el aliento. *(Rápido.)* ¡Mío! *(Limpia.)* Son buenos espejos. Los de ahora nos hacen caras de…
PELUQUERO: *(Mortecino.)* Marmotas…
HOMBRE: *(Seguro.)* ¡Sí, de marmotas! *(El* PELUQUERO, *como si efectuara una comprobación,[7] se mira en el espejo, y luego mira al* HOMBRE. HOMBRE, *rectifica*   20
velozmente.) ¡No a todos! ¡A los que son marmotas! ¡A mí! ¡Más marmota de lo que soy![8]
PELUQUERO: *(Triste y mortecino.)* Imposible. *(Se mira en el espejo. Se pasa la mano por las mejillas, apreciando si tiene barba. Se toca el pelo, que lleva largo, se estira los mechones.)*   25
HOMBRE: Y a usted, ¿quién le corta el pelo? ¿Usted? Qué problema. Como el dentista. La idea de un dentista abriéndole la boca a otro dentista, me causa gracia. *(El* PELUQUERO *lo mira. Pierde seguridad.)* Abrir la boca y sacarse uno mismo una muela… No se puede… Aunque un peluquero sí, con un espejo… *(Mueve los dedos en tijeras[9] sobre su nuca.)*   30
A mí, qué quiere, meter la cabeza en la trompa de los otros, me da asco. No es como el pelo. Mejor ser peluquero que dentista. Es más… higiénico. Ahora la gente no tiene… piojos. Un poco de caspa, seborrea. *(El* PELUQUERO *se abre los mechones sobre el cráneo, mira al* HOMBRE.*)* No, usted no. ¡Qué va! ¡Yo! *(Rectifica.)* Yo tampoco… Conmigo puede estar   35
tranquilo. *(El* PELUQUERO *se sienta en el sillón. Señala los objetos para afeitar.* HOMBRE *mira los utensilios y luego al* PELUQUERO. *Recibe la precisa insinuación. Retrocede.)* Yo… yo no sé. Nunca…

◆ ◆ ◆

5. ¡Siempre se… médicos! *Doctors are always having their patients die!*
6. Estaba cagado de moscas *It was full of fly specks* (cagado *is a colloquial obscenity which is here used in place of* lleno). 7. como si…comprobación *as if he were checking it out* 8. ¡Mas marmota… soy! *It makes me look more like a groundhog than I really am.* 9. mueve… tijeras *He opens and closes his fingers like scissors*

PELUQUERO: *(Mortecino.)* Anímese. *(Se anuda el paño blanco bajo el cuello, espera pacíficamente.)*
HOMBRE: *(Decidido.)* Dígame, ¿usted hace con todos así?
PELUQUERO: *(Muy triste.)* ¿Qué hago? *(Se aplasta sobre el asiento.[10])*
5 HOMBRE: No, ¡porque no tiene tantas caras! *(Ríe sin convicción.)* Una vez que lo afeitó uno, los otros ya... ¿Qué van a encontrar? *(El PELUQUERO señala los utensilios.)* Bueno, si usted quiere, ¿por qué no? Una vez, de chico, todos cruzaban un charco, un charco maloliente, verde, y yo no quise. ¡Yo no!, dije. ¡Que lo crucen los imbéciles!
10 PELUQUERO: *(Triste.)* ¿Se cayó?
HOMBRE: ¿Yo? No... Me tiraron, porque... *(Se encoge de hombros.)* les dio... bronca que yo no quisiera... arriesgarme. *(Se reanima.)* Así que... ¿por qué no? Cruzar el charco o... después de todo, afeitar, ¿eh? ¿Qué habilidad se necesita? ¡Hasta los imbéciles se afeitan! Ninguna habili-
15 dad especial. ¡Hay cada animal que es pelu... !¹¹ *(Se interrumpe. El PELU-QUERO lo mira, tétrico.)* Pero no. Hay que tener pulso, mano firme, mira-da penetran...te para ver... los pelos... Los que se enroscan, me los saco con una pincita. *(El PELUQUERO suspira profundamente.)* ¡Voy, voy! No sea impaciente. *(Le enjabona la cara.)* Así. Nunca vi a un tipo tan
20 impaciente como usted. Es reventante. *(Se da cuenta de lo que ha dicho, rectifica.)* No, usted es un reventante dinámico. Reventante para los demás. A mí no... No me afecta. Yo lo comprendo. La acción es la sal de la vida y la vida es acción y... *(Le tiembla la mano, le mete la brocha enjabonada en la boca. Lentamente, el PELUQUERO toma un extremo del paño y*
25 *se limpia. Lo mira.)* Disculpe. *(Le acerca la navaja a la cara. Inmoviliza el gesto, observa la navaja que es vieja u oxidada. Con un hilo de voz.)* Está mellada.
PELUQUERO: *(Lúgubre.)* Impecable.
HOMBRE: Impecable está. *(En un arranque desesperado.)* Vieja, oxidada y
30 sin filo, ¡pero impecable! *(Ríe histérico.)* ¡No diga más! Le creo, no me va a asegurar una cosa por otra. ¿Con qué interés, no? Es su cara. *(Bruscamente.)* ¿No tiene una correa, una piedra de afilar? *(El PELU-QUERO bufa tristemente, HOMBRE desanimado.)* ¿Un... cuchillo? *(Gesto de afilar.)* Bueno, tengo mi carácter y... ¡adelante! Me hacen así, *(Gesto de*
35 *empujar con un dedo.)* ¡y yo ya! ¡Vuelo!¹² *(Afeita. Se detiene.)* ¿Lo corté? *(El PELUQUERO niega lúgubremente con la cabeza. HOMBRE, animado, afeita.)* ¡Ay! *(Lo seca apresuradamente con el paño.)* No se asuste. *(Desorbitado.)* ¡Sangre! ¡No, un rasguño! Soy... muy nervioso. Yo me pongo una telita de cebolla. ¿Tiene... cebollas? *(El PELUQUERO lo mira, oscuro.)* ¡Espere!
40 *(Revuelve ansiosamente en sus bolsillos. Contento, saca una curita...)* Yo... yo llevo siempre. Por si me duelen los pies, camino mucho con el

◆ ◆ ◆

10. Se aplasta... asiento. *He slumps down in the chair.* 11. ¡Hay... pelu...! *Even an animal could be a barber!* 12. ¡y yo ya! ¡Vuelo! *And now, here we go!*

calor... una ampolla acá, y otra... allá. *(Le pone la curita.)* ¡Perfecto! ¡Ni
que hubiera sido profesional! *(El* PELUQUERO *se saca el resto de jabón de la
cara, da por concluida la afeitada. Sin levantarse del sillón, adelanta la cara
hacia el espejo, se mira, se arranca la curita, la arroja al suelo. El* HOMBRE *la
recoge, trata de alisarla, se la pone en el bolsillo.)* La guardo... está casi   5
nueva... Sirve para otra... afeitada...
PELUQUERO: *(Señala un frasco, mortecino.)* Colonia.
HOMBRE: ¡Oh, sí! Colonia. *(Destapa el frasco, lo huele.)* ¡Qué fragancia! *(Se
atora con el olor nauseabundo. Con asco, vierte un poco de colonia en sus
manos y se las pasa al* PELUQUERO *por la cara. Se sacude las manos para alejar   10
el olor. Se acerca una mano a la nariz para comprobar si desapareció el olor, la
aparta rápidamente a punto de vomitar.)*
PELUQUERO: *(Se tira un mechón. Mortecino.)* Pelo.
HOMBRE: ¿También el pelo? Yo... yo no sé. Esto sí que no.[13]
PELUQUERO: *(Idem.)* Pelo.   15
HOMBRE: Mire, señor. Yo vine aquí a cortarme el pelo. ¡Yo vine a cor-
tarme el pelo! Jamás afronté una situación así... tan extraordinaria.
Insólita... pero si usted quiere... yo... *(Toma la tijera, la mira con repug-
nancia.)* yo... soy hombre decidido... a todo. ¡A todo!... Porque... mi
mamá me enseñó que... y la vida...   20
PELUQUERO: *(Tétrico.)* Charla. *(Suspira.)* ¿Por qué no se concentra?
HOMBRE: ¿Para qué? ¿Y quién me prohibe charlar? *(Agita las tijeras.)*
¿Quién se atreve? ¡A mí los que se atrevan! *(Mirada oscura del* PELU-
QUERO.*)* ¿Tengo que callarme? Como quiera. ¡Usted! ¡Usted será el
responsable! ¡No me acuse si... ¡no hay nada de lo que no me sienta   25
capaz!
PELUQUERO: Pelo.
HOMBRE: *(Tierno y persuasivo.)* Por favor, con el pelo no, mejor no meterse
con el pelo... ¿para qué? Le queda lindo largo... moderno. Se usa... [14]
PELUQUERO: *(Lúgubre e inexorable.)* Pelo.   30
HOMBRE: ¿Ah, sí? ¿Conque pelo? ¡Vamos pues! ¡Usted es duro de
mollera, ¿eh?, pero yo, ¡soy más duro! *(Se señala la cabeza.)* Una piedra
tengo acá. *(Ríe como un condenado a muerte.)* ¡No es fácil convencerse!
¡No, señor! Los que lo intentaron, no le cuento. ¡No hace falta! Y cuan-
do algo me gusta, nadie me aparta de mi camino, ¡nadie! Y le aseguro   35
que... No hay nada que me divierta más que... ¡cortar el pelo! ¡Me!...
me enloquece. *(Con animación, bruscamente.)* ¡Tengo una ampolla en la
mano! ¡No puedo cortárselo! *(Deja la tijera, contento.)* Me duele.
PELUQUERO: Pe-lo.
HOMBRE: *(Empuña las tijeras, vencido.)* Usted manda.   40
PELUQUERO: Cante.

◆ ◆ ◆

13. Esto sí que no. *This I can't do.*   14. Se usa... *It's worn that way...*

HOMBRE: ¿Que yo cante? *(Ríe estúpidamente.)* Esto sí que no... ¡Nunca! *(El PELUQUERO se incorpora a medias en su asiento, lo mira. HOMBRE, con un hilo de voz.)* Cante, ¿qué? *(Como respuesta, el PELUQUERO se encoge tristemente de hombros. Se reclina nuevamente sobre el asiento. El HOMBRE canta con un*
5   *hilo de voz.)* ¡Fígaro!... ¡Fígaro qua..., fígaro là... !^15 *(Empieza a cortar.)*
PELUQUERO: *(Mortecino, con fatiga.)* Cante mejor. No me gusta.
HOMBRE: ¡Fígaro! *(Aumenta el volumen.)* ¡Fígaro, Fígaro! *(Lanza un gallo tremendo.)*
PELUQUERO: *(Idem.)* Cállese.
10 HOMBRE: Usted manda. ¡El cliente siempre manda! Aunque el cliente... soy... *(Mirada del PELUQUERO.)* es usted... *(Corta espantosamente. Quiere arreglar el asunto, pero lo empeora, cada vez más nervioso.)* Si no canto, me concentro... mejor. *(Con los dientes apretados.)* Sólo pienso en esto, en cortar, *(Corta.)* y... *(Con odio.)* ¡Atajá ésta! *(Corta un gran mechón. Se asus-*
15 *ta de lo que ha hecho. Se separa unos pasos, el mechón en la mano. Luego se lo quiere pegar en la cabeza al PELUQUERO. Moja el mechón con saliva. Insiste. No puede. Sonríe, falsamente risueño.)* No, no, no. No se asuste. Corté un mechoncito largo, pero... ¡no se arruinó nada! El pelo es mi especiali-dad. Rebajo y emparejo.^16 *(Subrepticiamente, deja caer el mechón, lo aleja*
20 *con el pie. Corta.)* ¡Muy bien! *(Como el PELUQUERO se mira en el espejo.)* ¡La cabecita para abajo! *(Quiere bajarle la cabeza, el PELUQUERO la levanta.)* ¿No quiere? *(Insiste.)* Vaya, vaya, es caprichoso... El espejo está empañado, ¿eh?, *(Trata de empañarlo con el aliento.)* no crea que muestra la verdad. *(Mira al PELUQUERO, se le petrifica el aire risueño, pero insiste.)* Cuando las
25 chicas lo vean... dirán, ¿quién le cortó el pelo a este señor? *(Corta ape-nas, por encima. Sin convicción.)* Un peluquero... francés... *(Desolado.)* Y no. Fui yo...
PELUQUERO: *(Alza la mano lentamente. Triste.)* Suficiente. *(Se va acercando al espejo, se da cuenta que es un mamarracho, pero no revela una furia*
30 *ostensible.)*
HOMBRE: Puedo seguir. *(El PELUQUERO se sigue mirando.)* ¡Déme otra opor-tunidad! ¡No terminé! Le rebajo un poco acá, y las patillas, ¡me faltan las patillas!^17 Y el bigote. No tiene. ¿Por qué no se deja el bigote? Yo también me dejo el bigote, y así, ¡como hermanos! *(Ríe angustiosamente.*
35 *El PELUQUERO se achata el pelo sobre las sienes. HOMBRE, se reanima.)* Sí, sí, aplastadito le queda bien, ni pintado.^18 Me gusta. *(El PELUQUERO se le-vanta del sillón, HOMBRE retrocede.)* Fue... una experiencia interesante. ¿Cuánto le debo? No, usted me debería a mí, ¿no? Digo, normalmente.

◆ ◆ ◆

40 15. ¡Fígaro!...fígaro là...! *From the opera "The Marriage of Figaro" by Beaumarchais. Interestingly, Figaro is also a character in Beaumarchais' "The Barber of Seville."* 16. Rebajo y emparejo. *I cut it and then even it up.* 17. ¡me faltan las patillas! *I still haven't done the sideburns!* 18. aplastadito... pintado *slicked down looks nice, just right.*

Tampoco es una situación anormal. Es... divertida. Eso: divertida. *(Desorbitado.)* ¡Ja-ja-ja! *(Humilde.)* No, tan divertido no es. Le... ¿le gusta cómo... *(El PELUQUERO lo mira, inescrutable.)* le corté? Por ser... novato... *(El PELUQUERO se estira las mechas de la nuca.)* Podríamos ser socios... ¡No, no! ¡No me quiero meter en sus negocios! ¡Yo sé que tiene muchos   5 clientes, no se los quiero robar! ¡Son todos suyos! ¡Le pertenecen! ¡Todo pelito que anda por ahí es suyo! No piense mal. Podría trabajar gratis. ¡Yo! ¡Por favor! *(Casi llorando.)* ¡Yo le dije que no sabía! ¡Usted me arrastró! ¡No puedo negarme cuando me piden las cosas... bondadosamente! ¿Y qué importa? ¡No le corté un brazo! Sin un brazo, hubiera   10 podido quejarse. ¡Sin una pierna! ¡Pero fijarse en el pelo! ¡Qué idiota! ¡No! ¡Idiota, no! ¡El pelo crece! En una semana, usted, ¡puf!, hasta el suelo! *(El PELUQUERO le señala el sillón. El HOMBRE recibe el ofrecimiento incrédulo, se le iluminan los ojos.[19])* ¿Me toca a mí? *(Mira hacia atrás buscando a alguien.)* ¡Bueno, bueno! ¡Por fin nos entendimos! ¡Hay que   15 tener paciencia y todo llega! *(Se sienta, ordena, feliz.)* ¡Barba y pelo! *(El PELUQUERO anuda el paño bajo el cuello. Hace girar el sillón. Toma la navaja, sonríe. El HOMBRE levanta la cabeza.)* Córteme bien. Parejito.[20]

El PELUQUERO le hunde la navaja. Un gran alarido. Gira nuevamente el sillón. El   20 *paño blanco está empapado en sangre que escurre hacia el piso. Toma el paño chico y seca delicadamente. Suspira larga, bondadosamente, cansado. Renuncia. Toma la revista y se sienta. Se lleva la mano a la cabeza, tira y es una peluca lo que se saca. La arroja sobre la cabeza del HOMBRE. Abre la revista, comienza a silbar dulcemente.*

TELÓN

◆ ◆ ◆

19. se le iluminan los ojos *his eyes light up.*   20. Córteme bien. Parejito. *Cut it nice and even.*

Ejercicios

a. preguntas

1. ¿Dónde tiene lugar la acción del drama?
2. Al empezar la acción, ¿dónde está sentado el Peluquero y qué hojea él?
3. ¿Cómo es el Peluquero, y qué tipo de mirada tiene?
4. ¿Cómo es el Hombre que entra a la peluquería, y qué es lo que quiere?
5. ¿Cómo responde el Peluquero cuando el Hombre le pregunta si debe sentarse en el sillón?
6. En un momento el Hombre toma la escoba y barre el suelo de la peluquería. ¿Por qué lo hace?
7. ¿Dónde pone el Hombre el pelo que recoge del suelo?
8. Según el Peluquero, ¿qué trabajo o profesión tendría si no fuera peluquero?
9. ¿Por qué limpia el Hombre el espejo, y con qué lo limpia?
10. Según el Hombre, ¿por qué sería mejor ser peluquero que dentista?
11. ¿Cómo es la navaja en la peluquería, y qué olor tiene la Colonia?
12. Según el Hombre, ¿por qué no puede él cortarle el pelo al Peluquero?
13. ¿Qué trata de hacer el Hombre con el gran mechón que corta del pelo del Peluquero?
14. Cuando el Hombre por fin está permitido sentarse en el sillón, ¿qué le hace el Peluquero?
15. ¿Qué hace el Peluquero después de matar al Hombre?

b. temas

1. El Hombre que entra a la peluquería como representante del hombre típico en la sociedad moderna.
2. El Peluquero como posible miembro de una escuadra terrorista en Hispanoamérica.
3. La peluquería como símbolo de «un mundo cerrado» o sea, de un país con gobierno represivo y violento.
4. El Hombre y el Peluquero como símbolos de lo bueno y lo malo en todo ser humano– lo agresivo y lo pasivo, el ego y alter-ego, etc.
5. Griselda Gambaro ha dicho que el hombre tiene que luchar contra la violencia y no ser nada pasivo si va a sobrevivir en la sociedad moderna. Comente *Decir sí* como elaboración de esta tesis.

En obras dramáticas que caben dentro del movimiento llamado «Teatro de la Crueldad», siempre hay elementos que asaltan la sensibilidad del público (audience). Estudie el posible efecto en el público de los siguientes elementos de *Decir sí*.

6. La actitud y la apariencia física del Peluquero.
7. La basura en el suelo de la peluquería, los trapos sucios, y la navaja oxidada.
8. La matanza del Hombre al final de la obra, la sangre, y la peluca.

◆ ◆ ◆
c. puestas en escena

1. Junto con un compañero de clase, escriba y presente un breve diálogo que pudiera ocurrir entre el Peluquero y su esposa cuando ésta le pregunta sobre «su día en la peluquería.»
2. Con otro alumno, escriba y presente un breve diálogo, tal vez sobre la obra *Decir sí* o sobre la violencia entre un peluquero o una peluquera y su cliente. (Sería de interés usar una silla como el sillón de peluquería, y crear una típica escena de peluquería o salón de belleza en la clase.)

◆─────────── *Vocabulario*

abbreviations

adv	adverb
f	feminine
fig	figurative
inf	infinitive
interj	interjection
m	masculine
pp	past participle
pl	plural
v	verb

español–inglés

The Spanish–English vocabulary intends to be complete except for the following items: exact or easily recognizable cognates; numbers; common pronouns, prepositions, and conjunctions; regular and irregular forms of most common verbs; regular past participles when the infinitive is given and the meaning does not change; adverbs ending in *-mente* when the adjective is given; diminutives when the noun or adjective is included; words used only once in the book when their meaning is given in footnotes; and basic words any first-year student is expected to know.

abajísimo very deep
abajo down, below; **hacia —** downwards; **por —** underneath
abalanzar to throw (oneself); to balance
abierto open; **ver el cielo —** to see one's way out of difficulty
abismo *m* abyss
ablandar to soften
abombado sticking out, puffed out
aborrecer to hate, abhor
aborto *m* miscarriage, abortion
abotonar to button
abrazar to embrace

abrir to open; **— paso** to get ahead
absoluto: en absoluto not at all
absolver (ue) to absolve
absorto absorbed
abstraer to abstract
abstraído absent-minded
abuelo *m* grandfather
abundar to abound
aburrir to bore, annoy; **—se** to be bored
abyección *f* abjection
acá here
acabar to finish; **— de** to have just; **— por** to end up by

acalorar to warm, heat
acallar to silence, quiet
acariciador caressing
acariciar to caress, cling to
acariciás: acaricias you caress
acaso maybe, perhaps
acceder to accede, give in
acceso *m* attack; — **de llanto** outburst of tears
acechar to spy on
aceite *m* oil; — **bronceador** suntan oil
acercar to come near, approach
aclaración *f* clarification
acogedora warm, appealing
acomodar to arrange, set right, accommodate
acompañante *m* attendant
acompañar to accompany
acongojado anguished
acontecimiento *m* happening
acordar (ue) to agree; —**se de** to remember
acordás: acuerdas you remember
acorde *m* harmony
acorralar to corral, surround
acostar (ue) to put to bed; —**se** to lie down
acostumbrarse to become accustomed
acre bitter
acta *f* certificate; complaint; — **de consignación** (certificate of) report; **levantar un** — to draw up a statement, file a complaint
actitud *f* attitude
actuación *f* action, performance
actualidad *f* present time; **en la** — at the present time
acudir to come, come to the rescue
acuerdo *m* agreement; **de** — **con** according to
acumular to accumulate

achaque *m* attack, habitual indisposition
achatar to flatten, level
ad libitum (Latin) freely
adecuado adequate
adelante ahead, forward
ademán *m* gesture
adentro within, inside; **montaña** — backwoods
adivinar to guess, make out, discern
admiración *f* admiration, astonishment
admirador *m* admirer
adormecer to fall asleep
adormilado drowsy, sleepy
adquirir to acquire
adusto sullen, intractable
advertir (ie) to warn, advise
afeitada *f* shave
afeitar to shave
aferrar (ie) to seize; — **a** to stick to
afilar: piedra de — whetstone
afirmar to agree, affirm
aflojar to loosen
afrontar confront, encounter
afuera outside
agarrar to seize, grasp
ágil nimble
agitar to agitate, wave
agraciado favored
agradable agreeable, pleasant
agradar to please, give pleasure
agradecer to be grateful
agregar to add
agua: hacérsele la boca agua to make one's mouth water
aguaita: aguanta waits
aguaje *m* tidal wave
aguantar to bear, endure; hold one's breath
aguardar to wait for
agüero *m* omen

agüita *f* water
aguja *f* needle
ahogar to drown, smother, choke
ahora now; — **bien** now then
ahorcar to hang
ahorrar to avoid; to save
airado angry
aire *m* air
aislado isolated
ajar to crumple
ajeno foreign, unaware
ajetreo *m* agitation
ala *f* wing
alarde *m* ostentation
alargar to hand over
alarido *m* yell, scream
alborozar to gladden, exhilarate
alcance *m* reach; **al — de** within
  reach of
alcanzar to reach, overtake,
  succeed in
alcoba *f* bedroom
alegrar to gladden, comfort
alegría *f* happiness
alejar to move away, withdraw
alergia *f* allergy
aleteo *m* palpitation
alfajía window frame
alfombra carpet, rug
algo something, somewhat
algodón *m* cotton
aliento *m* breath
aligerar to make lighter
alimento *m* food, foodstuff
alisar to smooth out
aliviar to lighten, relieve
alma *f* soul
almacén *m* warehouse
almendro *m* almond tree
almíbar sugar syrup
almohada *f* pillow, cushion
almohadón *m* large cushion,
  pillow

almuerzo *m* lunch
alpargata *f* sandal
alquiler *m* rent
alrededor around, surrounding
altanero haughty, arrogant
alterado disturbed, angered
alternar to alternate, change
alto high, tall; aloud; **en lo —** on
  top
alucinado bedazzled, hallucinated
aluminio *m* aluminum
alzar to raise
allanamiento de morada *m*
  housebreaking
amabilidad *f* amiability,
  friendliness
amable affable, kind
amado *m* beloved, darling
amanecer to draw towards
  morning, dawn
amante *m & f* lover, paramour
amantísimo very loving
amapola *f* poppy
amargo bitter, grieved
amargura *f* bitterness
amarillo yellow
amarrar to tie, fasten
ambiente *m* environment
ámbito *m* space
ambos both
ambulante shifting, walking;
  vendedor — *m* door-to-door
  salesman
amenazador threatening
amenazar to threaten
amistad *f* friendship
amontonar to be crowded, pile up
amorcito *m* beloved
amorosa lovingly
ampliar to enlarge
amplio wide, ample
ampolla *f* blister
anciano *m* old man

anda go on *(familiar command of andar)*
andadas: con andadas deceitfully, slyly
andar to walk, step; — **en** to be going on; *m* pace, step
andrajosa ragged, tattered
angustia *f* anguish
angustiado distressed
angustioso painful, anguished
anhelante eager
ánima *f* ghost, spirit
animado encouraged, cheered up
ánimo *m* spirit; **cobrar** — to take courage
animarse to cheer up, be encouraged
aniquilador destructive
aniquilar to annihilate
anjá *an exclamaton such as* so! *or* hold on!
anoche last night
anochecer to grow dark; *m* nightfall
ansia *f* anxiety, longing
ansioso anxious
ante before; in the face of
anteojos *m pl* eyeglasses
anterior previous
antes: cuanto antes as soon as possible
antier = **anteayer** the day before yesterday
antiguo old, ancient
antipatía *f* antipathy
anudar to knot, tie a knot in
anunciar to announce
anuncio *m* announcement
año: con años into one's years; **hace años** for years
apaciguar to calm, appease
apagar to put out, extinguish
aparato *m* apparatus

aparecer to appear
apartar to leave, take away
aparte separately, different; — **de** besides, in addition to
apasionado passionate, loving
apelar to appeal
apenas scarcely, as soon as
apio *m* celery
aplastar to crush, smash
apoderar to empower; —**se de** to take hold of, seize
apoyar to support
apoyo *m* support, aid
apreciar to appraise, examine; to appreciate
apresuradamente hurriedly
apresurar to hasten, hurry
apretar (ie) to tighten, squeeze, clench
apretón *m* tight hold
aprisa quickly, rapidly
aprontar to prepare quickly
aprovechar(se) to make use of, take advantage of
apuntar to take note, jot down; to charge (money); — **a la bolita** to take a chance (lottery)
apurado hurried, in a hurry
apuro *m* haste, hurry
aquí here; **he** — behold, consider
ara *f* altar; **en** —**s de** for the sake of
arable tillable
árbol *m* tree
arbusto *m* shrub
archivar to file
archivo *m* file
arder to burn
arena *f* sand
arma *f* weapon
aro *m* hoop, rim
arraigado deeply rooted
arrancado poor, penniless
arrancar to root up; — **se** to pull off, uproot

arranque *m* sudden start, fit of impulse
arrastrado halting, destitute
arrastrar to drag
arrebatar to snatch, grab
arrebato *m* fit, rage
arreglar to arrange, fix, manicure
arreglo *m* agreement, settlement
arrendar (ie) to rent
arrepentir (ie) to repent
arriba up; **por** — overhead, above
arriesgarse to dare, risk
arrobado ecstatic
arrodillado kneeled
arrodillarse to kneel down
arrojar to throw, toss
arroyo *m* brook
arroz *m* rice
arruga *f* wrinkle
arruinar to ruin
arrullar to lull, bill and coo
articulación *f* joint
articular to articulate
asado *m* barbecued meats
asco *m* nausea; **dar** — to nauseate
asegurar to assure, secure
asentir (ie) to agree, assent, nod
aseo *m* *toilette*, grooming
aserrín *m* sawdust
aserrío *m* the making, construction
asesinato *m* murder
asesino *m* assassin
asfixia *f* suffocation
así thus, this way
asido seized, grasped; —**s de la mano** holding hands
asiento *m* seat
asilo *m* asylum, home
asistir to attend, be present
asomar to show; —**se a** to appear at
asombrado astonished, surprised

asombrarse to be astonished, be surprised
asombro *m* amazement; fright
aspaviento *m* fuss, exaggerated gesture
aspecto *m* aspect, appearance
aspereza *f* roughness, rough spot
aspirar to inhale; to aspire
asqueroso nauseating, loathsome, filthy
astro *m* star, planet
astrónomo *m* astronomer
asunto *m* matter, affair
asustar to scare, frighten
atado tied
atajá: ¡— esta! off with this!
atañer to concern
atar to tie; bind; **loco de** — stark raving madman
atardecer to draw toward evening, dusk
ataúd *m* coffin
atender (ie) to pay attention, answer, wait on
atento attentive
ateo *m* atheist
aterrador frightful, terrifying
aterrar (ie) to terrify
aterrorizar to frighten
atizar to poke, stir up
atónito astonished, surprised
atorar(se) to choke, suffocate
atormentar to torment, torture
atorranta *f* good-for-nothing
atrás behind, backward
atrasado late
atravesar (ie) to cross
atrayente attractive
atrever to dare
atrevido bold
atrevimiento *m* boldness
atroz atrocious

aullar to bawl, howl
aullido *m* bawling, howl
aumentar to increase
aún still
aura *f* turkey buzzard
ausencia *f* absence
ausente absent, detached
autógena *f* welding
avanzar to advance
averiguar to find out
avión *m* airplane
avisar to advise, warn
ayudar to help
azar *m* chance; **al —** at random
azorado upset, disturbed
azotar to beat down on
azul blue

bacarat *m* brand of crystal
bailar to dance
baile *m* dance
baja: en voz baja in a low voice
bajar la vista to look down, lower one's eyes
bajás: bajas you go down
bajo low, in a low voice; **por lo —** under one's breath
balandra *f* sloop
balbucir to mumble
balcón *m* balcony, porch
balde: en balde in vain
banano manzano *m* banana that is short, fat and yellow in color
banco *m* bench
bandeja *f* tray
bandera *f* flag
bañar to bathe, swim
bañista *f* bather, swimmer
baño *m* bath, bathroom; **traje de — ** bathing suit
baranda *f* railing, banister
barato cheap
barba *f* whiskers, beard

barba: ¿ — ? do you want your beard trimmed?
barbudo bearded
barrendero *m* street sweeper
barrer to sweep
barriga *f* stomach, belly
barrio *m* district, neighborhood
barro *m* clay, mud
bastantes a good many
bastar to be enough, be sufficient
bastidor *m* wing of stage scenery
bastón *m* walking cane
bata *f* smock, dressing gown
batir to stir, beat; *m* beating
belleza *f* beauty
bello beautiful, fair
bencina *f* gasoline; **echar —** to put in gasoline
berrear to bellow, cry like a calf
besar to kiss
beso *m* kiss
bestia *f* beast
beta *f* cord, thread
bicho *m* animal
bien well, okay; very; **ahora —** now then; **— hombre** quite a man; **más —** rather
bigote *m* mustache
billete *m* bill, note (money)
blando soft
blusa *f* blouse
blusón *m* large blouse
boca *f* mouth; **hacérsele la — agua** to make one's mouth water
bocadito morsel
bocanada *f* puff, whiff
bocina *f* horn, phonograph horn
boda *f* wedding; **torta de —s** *f* wedding cake
bodega *f* grocery store; cellar
bofetada *f* slap to the face
bogar to row
bola *f* ball

boleta *f* authorization slip
bolita: apuntar a la bolita to take a chance (lottery)
bolsa *f* purse, pocketbook, pouch; **hacer —s** to bag out (a bathing suit); **— de género** cloth bag; **— de labor** sewing box
bolsillo *m* pocket; *fig.* money
bolso *m* purse
bombero *m* fireman; **capitán de —s** fire chief
bombilla *f* light bulb
bomboncito *m* honey (term of endearment)
bondad *f* goodness
bondadoso kind, good
boquiabierto open-mouthed
bordar to embroider
borde *m* edge, border
borrar to cross out, erase; **—se** to disappear
borrego *m* lamb
bostezar to yawn
bota *f* boot
botanita *f* snack
botar to fling, throw, throw away
botella *f* bottle
botón *m* button
bracito *m* little arm
bramido *m* roar
brasita *f* little chunk of live coal
braza *f* fathom; **a pocas —s** a few fathoms down
brazo *m* arm
brebaje *m* potion, beverage
brevemente briefly
bribón *m* impostor, rascal
brillar to shine, sparkle
brincar to jump
brindar to toast
brizna *f* blade
broma *f* joke
bromear to joke

bronca *f* anger, annoyance
bronceador *m* bronzer, suntan; **aceite —** suntan oil
brotar to burst forth
bruces: caer de bruces to fall headlong
bruscamente abruptly, peevishly
brusco rough, harsh
brusquero *m* bushes, underbrush
bucarito *m* small earthen vessel, vase
búcaro *m* vase
buchón (-ona) bulging, fat
buenazo very good
bufar to snort, puff and blow
burgués (-guesa) middle class
burlar to make fun of, mock
burlón (-ona) mocking
buró *m* bureau, night table
burocracia *f* bureaucracy
burro *m* donkey; **— de carga** pack animal
búsqueda *f* search
butaca *f* armchair

cabalgado mounted, ridden; lived it up
caballo *m* horse
cabello *m* hair
cabelludo hairy; **cuero — ** *m* scalp
caber to fit into, be appropiate
cabeza: denegar (ie) con la cabeza to shake one's head no
cabezón *m* large head
cabezota *f* large head
cabo: al fin y al cabo at last, finally
cabo-de-hacha *m* small tree which grows wild in many parts of Spanish America
cacerola *f* casserole
cacha *f* handle
cacharro *m* cooking pots

cacique *m* boss
cada: a cada rato every little while
cadena *f* string, chain
cadera *f* hip
caer to fall, befall; — **de bruces** to fall headlong; — **de rodillas** to fall on one's knees; — **en la cuenta** to "catch on"; **dejar** — to allow to fall; —**se** to fall down
caja *f* box, case
cajón *m* large box, drawer
calabaza *f* pumpkin
calamidad *f* calamity
calcetín *m* sock
caldo *m* broth
calentar(ie) to warm
calidad *f* quality
caliente warm
calmar to calm
calor *m* heat, warmth; **con** — intensely; **hacer** — to be warm, hot (weather); **tener** — to be warm, hot (people)
calumnia *f* calumny, slander
calumniado slandered
calvo bald
calzar to shoe, to put on shoes
calzones *m pl* underwear, shorts
callampa: poblaciones callampas *f pl* urban slums
callarse to become quiet, shut up
callejero: vendedor callejero street vendor
callo *m* callous
cama *f* bed
cambiar to change
cambio *m* change, exchange; **a** — **de** in exchange for; **en** — on the other hand
caminar to walk
camino *m* road
camión *m* truck
campamento *m* camp

campanada *f* stroke of a bell
campanilla *f* small bell
campesino *m* peasant, person from a rural area
cana *f* gray hair
canalete *m* paddle
canallada *f* despicable act
canasta *f* basket
canasto *m* wastepaper basket
canción *f* song
candela *f* fire
candil *m* lamp, lantern
canillera *f* fear
canoso gray-haired
cantar to sing
cántico *m* canticle
cantidad *f* quantity, amount
canto *m* chant
capacidad *f* ability, capacity
caparazón *m* crustacean
capaz capable
capelo *m* cardinal's hat
capricho *m* whim
caprichoso whimsical, capricious
cara *f* face; **dar la** — to face; **en plena** — full in the face
caracol: escalera de caracol *m* winding stairway
carácter *m* temperament, disposition
caramba *an exclamation meaning something like* darn! *or* damn!
carbón *m* coal
carcajada *f* outburst of laughter
cárcel *f* jail, prison
cardumen *m* school of fish
carga charge, burden, load; **burro de** — pack animal
cargada: una mirada — a look full of implications
cargo *m* burden; **correr a** — **de** to be the responsibility of
caricia *f* caress

cariño *m* dear; fondness
carnada *f* bait
carne *f* meat, flesh
carnicero *m* butcher
caro dear, expensive
carota *f* large, frightening face
carpa *f* tent
carrera *f* race
carrete *m* spool; — de hilo spool of thread
carretel *m* spool
carrizo *m* bamboo sticks or reeds used to make puppets' frames
carroña *f* carrion, putrid flesh
cartón *m* cardboard
cartucho *m* can
casa de pompas fúnebres *f* funeral home
cascada *f* waterfall, cascade
cáscara *f* shell
casero domestic
caserón *m* large tumble-down house
casita *f* small house
caso: en todo caso in any case; hacer caso to pay attention
caspa *f* dandruff
castañetear to chatter
castigar to punish
castigo *m* punishment
castillo *m* castle
castrar to castrate
casualidad chance; por— by chance
catecismo *m* catechism
catrina: muerte catrina *f* well-dressed skeleton (figure in Mexican popular art)
cauto cautious
cavar to dig
cazuela *f* cooking pot
cebar to fatten, feed well; to taste human flesh

cebolla *f* onion; pelita de — thin onion skin
cegar (ie) to blind
ceja *f* eyebrow
celoso jealous
cementerio *m* cemetery
cena *f* supper
ceniza *f* ash
censo *m* census
centellear to sparkle
ceñir to gird, fit tight
cepillar to polish, brush
cercano near
cerebro *m* brain, cerebrum
ceremonioso formal
cerradura *f* lock; ojo de la — keyhole
cerro *m* hill
cerrojo *m* latch
certificar to certify, register
cerveza *f* beer
cesta *f* basket
cestico *m* little basket
ciego blind; ventana ciega *f* false window
cielo *m* sky, heaven; ver el — abierto to see one's way out of difficulty
cierto certain; ¿ — ? Isn't that right?
cierto: ser cierto to be certain, be correct
cincuentón in one's fifties
cine *m* movie, theater
cinematógrafo *m* motion-picture industry, moving picture
cinta *f* band, ribbon, reel of film
cintura *f* waist
cita *f* date, appointment
citar to cite, make an appointment with
ciudad *f* city
ciudadano *m* citizen

claro clear, bright, light; *interj*. of
course!; *m* opening; — que sí
sure, of course
clavar to nail, stick
clavel *m* pink carnation
cobarde cowardly; *m* coward
cobertor *m* bedspread
cobrar to recover, charge; —
ánimos to take courage
cobrizo coppery
cocer to cook
cocina *f* kitchen
cocinar to cook
cocinita *f* stove
coche *m* car, cart; — de cuna baby
carriage
cochino dirty; *m* pig
codazo *m* nudge with the elbow
codo *m* elbow
coger to grasp, catch
cohete *m* firecracker, rocket
cojear to limp
cojín *m* cushion
colcha *f* bedspread
colchón *m* mattress
colegial *m* school student
colgar (ue) to hang, hang up,
suspend; — de to hang from
colmar to fill
colmillo *m* eyetooth
colmo *m* limit, height, esto es el —
this is the limit
colocar to put, place
colonia *f* cologne
colorido colorful
comedia *f* comedy, play
comediante *m* actor, player
comedimiento *m* politeness
comedor *m* dining room
comenzar (ie) to begin, start
cometer to commit, entrust
comida *f* meal
comienzo *m* beginning

como how, as; ¿ — ? what?; — no!
of course!; tal y — just the way
cómoda *f* bureau, chest of drawers
cómodo comfortable
compañero *m* companion
complacer to please
cómplice *m & f* accomplice
componer to compose, arrange
comportar tolerate, behave
compra *f* purchase; hacer sus —s
to go shopping
comprobar (ue) to check, prove
comprometedor compromising
comprometer to involve,
compromise
concentrar(se) to concentrate
conciliador peacemaking
concluir to conclude
concurrir to coincide
conde *m* count
condenación *f* condemnation
conejo *m* rabbit
confesar (ie) to confess,
acknowledge
confiar to trust
conforme agreeable, alike, suitable
confundir to confuse, confound
confuso confused, jumbled
conga *f* type of drumbeat; Cuban
dance
conque and so, so that
conseguir (i) to obtain
consejo *m* a piece of advice
consentimiento *m* consent
conserje *m* caretaker, janitor
consigna *f* order, standard
consignación *f* report; acta de —
(certificate of) report
consignar to mention, point out,
consign
consistencia *f* consistency
consolar (ue) to console, comfort
constar to be evident, be recorded

consultorio *m* office
consumado fulfilled, consummated
contable *m* accountant, bookkeeper
contar (ue) to tell, count; — **con** to count on
contemporizar to adapt to a situation
contener to contain
contestar to answer
contrabandista *m* smuggler
contradecir contradict
contraído contracted; restricted
contrario: al contrario on the contrary
contratiempo *m* disappointment
contrato *m* contract
contribuciones *f pl* taxes
convalecencia *f* convalescence
convencer to convince
convenir to suit, be appropriate
convertir (ie) to convert; —**se en** to be converted into
convincente convincing
convulso convulsive, excited
copa *f* glass, goblet
copular to copulate
coqueta *f* flirt, coquette; vanity (furniture); *adv* flirtatiously
coquetear to flirt
coraje *f* courage, anger, passion
corazón *m* heart
corbata *f* necktie
cordel *m* cord
cordero *m* lamb
cordón *m* cord
cordura *f* sanity
coronado crowned, topped
correa *f* leather strap (for sharpening a blade)
corregidor *m* mayor, magistrate
corregir (i) to correct

correntada *f* swift current, strong current
correr to run; **al** —**se el telón** when the curtain is drawn (raised); — **a** to run out, dismiss; — **a cargo de** to be the responsibility of; — **con** to run up to; **nadie les corre** no one runs from them
corriente commonplace, ordinary; *f* current
corroer to corrode; prey upon
cortar to cut; — **en seco** to cut short
corte *f* court; *m* piece of material, cut of cloth; **hacer la** — to court
cortejo *m* procession
cortina *f* curtain
coser to sew; **máquina de** — *f* sewing machine
cosquillas *f pl* tickling
costar (ue) trabajo to be difficult
costumbre *f* custom
costumbrista relating to the customs of a region
costura *f* sewing; **alta** — fashion designing, *haute couture*; **taller de** — sewing shop
costurera *f* dressmaker, seamstress
costurero *m* sewing box
cotidiana daily, everyday
cotona *f* cotton shirt
cotorro talkative
covachón *m* cave, small room
coyuntura *f* joint, articulation
crear to create
crecer to grow, increase
creciente growing
crepúsculo *m* twilight
criada *f* servant, maid
criar to raise, rear
criatura *f* creature, child
crin *f* mane

cristal *m* glass, window pane
cristiano Christian; man
crucigrama *m* crossword puzzle
crujir to creak
cruz *f* cross
cruzada *f* crusade
cruzar to cross
cruzás: cruzas you cross
cuadra *f* square; plot of land, block
cuadrarse to stand at attention
cuadro *m* scene; picture; a —s
   checkered
cualquiera any, anyone
cuando when; — menos at least;
   de vez en — from time to time
cuanto as much as; — antes as
   soon as possible; en — as soon as
cuarta *f* fourth part, quarter
cuarto *m* room
cubeta *f* pail
cubierto covered; *m pl* silverware
cubrir to cover
cucaracha *f* cockroach
cucarachero frightened, panicky
cuclillas; en cuclillas in a
   crouching or squatting position
cuchillo *m* knife
cuello *m* neck, collar
cuenta *f* bill; a fin de —s in the
   end; caer en la — to "catch on";
   darse — to realize; tener en —
   to take into account: en
   resumidas —s in summary
cuento *m* tale, story
cuerda *f* cord, string, rope
cuerdo sane
cuero *m* leather; — cabelludo
   scalp
cuerpo *m* body
cuidado careful; pierde — don't
   worry; tener — to be careful
cuidadosamente carefully
cuidar to take care

culpa *f* blame, guilt
culpabilidad *f* guilt
culpable guilty, blamable
culto cultured
cumplir to fulfill, complete; — ...
   años to be ... years old
cuna *f* cradle; coche de — baby
   carriage
cuñada *f* sister-in-law
cura *m* priest
curar to cure
curiosear to browse around
curita *f* adhesive bandage
cursi cheap, vulgar
curso *m* course; irse en —s to
   have diarrhea

chalaco *m* person from Callao (a
   Peruvian seaport); como — en
   poza very much at home
chalina *f* scarf
champán *m* champagne
chantaje *m* blackmail
chapoteo *m* splash, splatter
chaqueta *f* jacket
charada *f* charade
charco *m* pond, pool
charla *f* chat
charmés *m* shiny cloth
chatarra *f* junk, scrap metal
chico little, small; *m* child; de —
   when he was a child; más —
   smaller
chiflar to hiss
chiflón *m* puff
chillar to screech, scream
chillido *m* screech
china *f* half-breed maidservant
   (often used as insult)
chino *m* Chinese man
chiquillo *m* small child
chisme *m* gossip
chiste *m* joke

chivo *m* goat
chocar to hit, bump
chulo flashy, attractive

dádiva *f* gift, present
danzante *m* dancer
daño *m* harm
dar to give; hit; **da igual** it's all the same, it makes no difference; **da lo mismo** it's all the same; **dale que dale** more of the same; — **a luz** to give birth; — **asco** to nauseate; — **con** to encounter, find; — **la cara** to face; — **la razón** to agree or indicate that someone is right; — **los buenos días** to say good morning; — **parte** to report, inform; — **pena** to cause grief, make one sad; — **salida a** to give vent to, express; — **un salto** to jump, leap; — **una vuelta** to take a stroll; — **voces** to shout; — **vueltas** to go around in circles; —**le la espalda** to turn one's back on; —**se cuenta de** to realize; —**se prisa** to hurry; —**se vuelta** to turn around; **muy dado de** very much given to; **¿qué más da?** what difference does it make?
dato *m* datum, fact
deambular to stroll
debajo underneath; — **de** under
deber to owe; *m* duty
debido due, appropriate
débil weak
debilidad *f* weakness
decí: di say, tell (*familiar command of* decir)
decidido decided
decir: lo que se dice what one could call; quiere — it means
decís: dices you say

declarar: se me declaró asked me to marry him
decoración *f* setting
decorado *m* scenery
decrecer to decrease
decrecimiento *m* decrease
dedal *m* thimble
dedo *m* finger
defectuoso faulty, defective
defender (ie) to defend
defraudar to defraud, disillusion
degüello *m* act of beheading or cutting the throat
dejar to leave, let, allow; — **caer** to drop, let fall; — **de** to stop; —**se** to allow oneself to; —**se oír** to allow or be able to be heard
dejo; un — de a touch of
delantal *m* uniform, apron
delante de in front of
delatar to accuse, denounce
delectación *f* delectation, delight, pleasure
deleznable fragile, frail
delgado thin
delicadeza *f* delicacy
delicioso delightful, delicious
delirar to talk nonsense, be delirious
delito *m* crime
demás other, rest of; **los** — the rest; **por lo** — furthermore
demente insane, demented
demonio *m* demon
demorar to delay
demostrar (ue) to demonstrate, show
denegar (ie) to deny; — **con la cabeza** to shake one's head no
denotar to denote, express
denunciar to denounce, squeal on
derecho *m* right, justice, law

derramar to pour out, spill
derredor: en — around
derrumbar to plunge headlong, crumble
desabrochar to unbutton
desacuerdo *m* disagreement, disharmony
desafiante defiant
desafiar to challenge
desagradable unpleasant
desalentar (ie) to discourage
desamparado helpless
desanimarse to become dejected
desaparecer to disappear
desarrollo *m* development
desarticulado disjointed
desasosiego *m* restlessness
desastre *m* disaster
desayunar to eat breakfast
desayuno *m* breakfast
desbaratar to destroy, break into pieces
descalzo barefoot
descansar to rest
descolorido discolored, faded
descomponer to disturb, decompose, become distorted
descompuesto decomposed
desconcertante baffling, disconcerting
desconcertar(ie) to disconcert
desconfiar to doubt
desconocido unknown
descorrer to unlock, move backward
descubierto uncovered, dis-covered; **al —** uncovered, open
descubrir to discover, find
descuidado living without trouble or care
descuidar to neglect
desdén *m* disdain, contempt
desdeñar to disdain, scorn

desdichado unfortunate
desencantar to disenchant
desencanto *m* disenchantment, disillusion
desenfrenado unbridled, wanton
desenlace *m* outcome, denouement
desentendido unmindful; **hacerse el —** to pretend not to have noticed
desentonar to be out of tune
desesperación *f* despair
desesperado despairing
desesperar to despair
desfallecer to grow weak, faint, swoon
desfalleciente pining
desgano *m* indifference, boredom
desgañitarse to shriek
desgarrado dissolute, unrestrained
desgarrador heart-rending
desgarramiento *m* laceration
desgarrarse to tear open
desgracia *f* misfortune
desgraciadamente unfortunately
desgraciar to disgrace, harm
desgreñado disheveled
deshabillée *m* negligee
deshacer to undo, destroy
deshecho disposed, gotten rid
desinflar to deflate
deslizar to slide
deslumbrante bedazzling, bewildering
desmesuradamente excessively
desmoralizar to demoralize
desmoronar to languish, wane
desnudar to undress
desnudo nude, naked
desolado desolate
desorbitado upset, confused
desorden *m* disorder

desordenar to disturb
despacio slowly
desparramar to spill, scatter
despedir (ie) to dismiss, throw out; **—se** to say good-bye, say farewell
despegar to separate, unglue, come apart
despejar to clear
desperdicio *m* waste
desperezar to stretch
despertar (ie) to wake up, awaken
despojos *m pl* spoils
despreciable contemptible
despreciar to despise, scorn, reject
desprendido loose
despreocuparse to stop worrying
desprevenido unprepared
desquiciado unsettled
desquiciar to unsettle
desquitar to retaliate
destapar to open, uncover
destartalado jumbled
destrozar to destroy
destruir to destroy
desuso *m* disuse
desvaído vague, listless
desvencijado rickety, falling apart
desventurado unfortunate
desvergonzado shameless
desvestir (i) to undress
desviar to switch, turn off
detalle *m* detail
detener to stop, check, detain
detenidamente carefully, thoroughly
detestar to detest, hate
detrás: por detrás in back
deuda *f* debt
devanar to reel, wind; **— los sesos** to rack one's brain
devolver (ue) to return
día con día day after day

diablo *m* devil
dialogar to converse
diario daily
dictar to dictate
dicho *m* saying, expression
dicho said; **mejor —** rather
diente *m* tooth
diestra *f* right hand; **a — y siniestra** right and left
diferir (ie) to differ
difunto dead
digo I mean
diluir to dissolve
diluvio *m* overflow, flood
dirección *f* address, direction
dirigir to direct, guide; **—se a** to go toward, speak to
disculpar to forgive
discurso *m* talk, speech; **pronunciar un —** to give a speech
discutir to discuss
disecado dissected
disfraz *m* mask, disguise
disfrazarse to disguise oneself
disgustar to dislike
disimuladamente on the sly
disipar to dissipate
disminuir to diminish
disolver (ue) to dissolve
disonante discordant
disparar to shoot
disparo *m* shot, firing
displicencia *f* coolness, indifference
disponer to prepare, arrange; **—se** to get ready
dispuesto ready, prepared; **estar — a** to be ready to
distinguir to distinguish
distinto different, distinct
distraer to distract
distraído distracted, absent-minded

divertido amusing, amused
divertir (ie) to amuse; —**se** to
  enjoy oneself
dizque = dice que it's said that
doblar to double over, turn
doler (ue) to hurt, ache
dolor *m* ache, sorrow, pain
doloroso painful
dominar to dominate; —**se** to
  control oneself
dorado golden
dormido asleep; slow, dull;
  quedarse — to fall asleep
dormir (ue) to sleep; —**se** to go to
  sleep, fall asleep
dormitorio *m* bedroom
Dos Equis brand of Mexican beer
drama intercalado *m* play within a
  play
dramaturgo *m* dramatist,
  playwright
duda *f* doubt
dudar to hesitate, doubt
dueño *m* owner
dulce sweet
durar to last
duro hard, harsh; — **de mollera**
  obstinate

ebrio drunk
ecuatoriano from Ecuador
ecuestre equestrian
echar to throw, discharge; —
  bencina a to put gasoline in; —
  humo to give off smoke; —
  suertes to draw lots
edad *f* age
edificio *m* building
efectivo real, actual
efectuar to effect, make
eficacia *f* efficacy, efficiency
efímero ephemeral
egipcia Egyptian

egolatría *f* self-idolatry
eje *m* shaft, axle
elegir to elect, choose
elevado high, elevated
eludir to evade, elude
embajada *f* embassy
embalsamado embalmed
embarazar to make pregnant
embarcar to embark
embargo *m* embargo; **sin** —
  nevertheless
embarrar to smear with mud
embelesado fascinated
emborracharse to get drunk
emocionado full of emotion
empadronador *m* census taker
empadronar to register, take the
  census of
empañado blurred, fogged up
empapado soaked, drenched
empeñar to oblige, hock; —**se** to
  persist, insist
empeñosamente with
  determination
empeorar to worsen
empezar (ie) to begin, start
empleada *f* employee
emplear to employ, use
empleo *m* job; employment, use
empolvado dusty
empozado deep in the water
empujar to push
empujón *m* push, shove
empuñado grasped, clenched;
  mano empuñada *f* fist
empuñar to grip, clasp
enajenar to alienate
enamoradizcado in love
enamorado in love; *m* lover
encadenado immobilized, chained
encaje *m* lace
encantador charming, delightful
encantar to charm, delight

encarar to face, aim; **—se con** to face, confront
encargado *m* representative, person in charge
encargar to request, entrust; **—se de** to take charge of
encargo *m* assignment
encender (ie) to light, light up
encerrar (ie) to lock up, confine
encima on top of, above
encinta pregnant
encoger to shorten, shrink, draw up; **—se de hombros** to shrug one's shoulders
encomendar (ie) to commend
encontrar (ue) to find, encounter
encorvar to bend
encuentro *m* encounter
endurecer to harden
enérgico energetically
enfermera *f* nurse
enfermo sick
enfrentar to confront
enfriar to make cold
enfurruñarse to get angry
engañar to deceive
engendrar to create, beget
engendro *m* fetus
engordar to get fat, fatten
engrandecer to elevate, exalt
enjabonada soapy, full of soap
enjabonar to soap, apply shaving cream
enjalma *f* packsaddle
enjuto lean, drawn
enlazar to encircle
enloquecer to madden
enmudecer to become silent
enojar to anger; **—se** to become angry
enredador *f* entangler, tattler
enroscarse coil, curl up
ensaladita *f* little salad

enseguida immediately, right away
enseguidita right away
enseñar to teach, show
enseriarse to become serious
ensuciar to dirty
ensueño *m* rapture, enchantment
entarimado *m* inlaid floor
entender to understand; **no entiendo ni pizca** I don't understand anything at all
enterar to inform; **—se** to find out about; to recoup one's losses; to be close
enternecer to soften, be moved
entero whole, entire
enterrar (ie) to bury
entorpecer to clog, obstruct
entrada *f* entrance, admission
entrambos both, between the two
entrar to enter; **—le ganas a uno** to get the desire to
entrecortado hesitating
entregar to deliver, hand over, turn in
entremés *m* side dish
entretener to entertain, amuse
entrever to see imperfectly, glimpse
entristecer to become sad
entrometer to intrude
enumerar to list, enumerate
envejecer to become old
envenenar to poison
envidia *f* envy
envidiar to envy
envoltorio *m* bundle
envolver (ue) to encircle, surround
envuelto wrapped
época *f* era, epoch
equinoccio *m* equinox
equivocación *f* mistake
equivocarse to be mistaken

erigir to erect
esbelto slender, well built
escabullir to slip away, escape
escalera *f* staircase; — **de caracol** winding staircase
escalofriante chilling
escalofrío *m* chill
escandalizar to scandalize
escándalo *m* scandal, uproar
escena *f* scene, stage
escenario *m* scene, stage
escenografía *f* scenery
esclava *f* slave
esclavitud *f* slavery
esclavizar to enslave
escoba *f* broom
escoger to choose
esconder to hide
escondidas: a escondidas on the sly, in a hidden manner
escondite *m* hiding place
escopeta *f* shotgun
escritorio *m* desk
escrúpulo *m* scruple
escrutar to scrutinize
escuela *f* school
escupir to spit
escurrir to drip, trickle
esfuerzo *m* effort, stress
esmirriado weak, sickly, thin
eso that, exactly that; **por —** therefore
espacio *m* space; **por — de** for about
espalda *f* back, shoulder; **estar de —s** to have one's back to; **darle** or **volverle la —** to turn one's back on
espantar to scare, frighten
espantoso frightful, astounding
espasmo *m* spasm
espasmódico spasmodic, convulsive

especie *f* type
espectro *m* specter, ghost
espejo *m* mirror
espejuelos *m pl* eyeglasses
espera *f* wait
esperanza *f* hope
esperanzado hopeful
esperpento *m* fright (ugly person)
espeso thick
espiar to spy
esposa wife
espuma *f* foam
esquina *f* corner
estadística *f* statistics
estallar to burst, burst forth
estallido *m* crash, outburst
estampado *m* cotton print; **vestir a —s** to wear a cotton print dress
estar to be; — **de espaldas** to have one's back to; — **dispuesto a** to be ready to; — **en la luna** to be absent-minded, be "out of it"; — **harto** to be fed up; — **rico** to be very nice, great; — **seguro** to be sure; — **visto** to be evident
estático static, dumbfounded, speechless
estatua *f* statue
este this; "um," "ah"
éste this one (the latter)
estero *m* inlet
estirado stiff, skinny
estirar to stretch
estirpe *f* race, family
estofa *f* quality, condition
estornudar to sneeze
estratagema *f* strategy
estrella *f* star
estremecer to tremble, shudder
estribo *m* stirrup; **perder los —s** to lose control
estridente strident, harsh sounding

estropear to damage, spoil
estruendoso noisy
estudio *m* study
estupor *m* stupor, amazement
etiqueta *f* formality, etiquette
evitar to avoid
exaltarse to become excited
excrecencia *f* excrescence, abnormal or superfluous outgrowth
exigencia *f* demand
exigente exacting
exigir to require
éxito *m* success
explicar to explain
explotar to exploit, explode
extasiar to delight
extender (ie) to extend
extinguir to extinguish
extranjero *m* foreign land; stranger, foreigner; **al —** in a foreign country
extrañado surprised
extrañar to miss, find strange
extrañeza *f* surprise, astonishment
extraño strange
extremo end, edge
eyacular to ejaculate

fábula *f* fable, tale
facción *f* feature
facha *f* appearance
faja *f* girdle, belt
falsete falsetto or high-pitched voice
falta *f* fault, mistake, lack; **hacer —** to be necessary
faltar to need, be lacking
falto deficient; **— de** lacking in
fallar to fail
fanfarrón (-ona) boasting; *m* bully, braggart
fantasma *m* phantom, ghost

fantoche *m* puppet
faraón *m* Pharoah
farmacia *f* pharmacy
farsante *m* fraud
fascinador fascinating
fastidiar to bother
fastidio *m* dislike, fastidiousness
fatalidad *f* fatality
fatiga *f* fatigue, tiredness
favor *m* favor; help; **por —** please
fe *f* faith
feísísimo very, very ugly
felicidad *f* happiness
felicitar to congratulate
feligrés *m* parishioner
feliz happy
feo ugly
feria *f* fair
feroz ferocious
festejar to celebrate, entertain
fibra *f* fiber, grain
fiebre *f* fever
fiel faithful, honest
fiera *f* wild beast
fiero fierce
figurar(se) to imagine; **¡figúrese!** just imagine!
fijamente intensely, fixedly
fijar to fix, fasten; **—se** to notice
fijo fixed, placed
filo *m* cutting edge
fin *m* end; **a — de** at the end of; **a — de cuentas** in the end; **al — y al cabo** at last, after all
final *m* end
finca *f* farm
fingir to pretend, feign
firmar to sign
firme firmly, steadily
fiscal pertaining to a treasury; **prueba — ** *f* financial data
fisco *m* state treasury
fistol *m* necktie pin

flaco thin, skinny
flato *m* gas
flauta *f* flute
flemón *m* abscessed tooth, gumboil
flojo cowardly, weak
florero *m* flower vase
flotar to float
flote *m* floating; **largarse a —** to surface
foco *m* spotlight
fogata *f* bonfire, campfire
fogón *m* cookstove
fondo *m* core, background
footing *m* walk
forcejear to struggle
forma *f* form, outline
forro *m* lining
fosa *f* grave
foso *m* hole in the ground
franca frank, open
francés (-esa) French
frasco *m* bottle, jar, flask
frazada *f* blanket
frecuentar to frequent
fregar (ie) to bother, annoy; rub; foul up
frente *f* forehead; *m* front; **— a** facing, opposite
fricción *f* friction, rubdown
frijol *m* bean
frío: hacer frío to be cold
frontera *f* frontier, border
frotar to rub
fuente *f* fountain
fuerte strong
fuerza *f* force, power; **a viva —** by sheer strength; **sacar —s** to draw strength
fuga *f* flight, ardor
fulminado thunderstruck, struck by lightning
fulminante sudden, explosive

fumar to smoke
función *f* function
funcionar to function, work
funcionario *m* employee, official
fundador *m* founder
fundo *m* property
fúnebre funeral; **casa de pompas —s** *f* funeral home
furia *f* fury; **hecha una —** in a furious state

gala: traje de — formal dress, party dress
galante gallantly
galantería *f* gallantry, elegance
galardón *m* prize, award
galón *f* braid
galleta *f* cookie
gallinazada *f* pickings for a buzzard
gallo *m* rooster; **lanzar un —** sing a false note
gamonal *m* politician, minor official
gana *f* desire; **de mala —** begrudgingly; **entrarle —s a uno** to get the desire to; **tener —s de** to feel like, have a mind to
ganar to earn
garabato *m* scribble
garantía *f* guarantee
garantir to guarantee
garantizar to guarantee
garbanzo *m* chickpea
garete: al garete adrift
gárgara *f* gargle
gastar to waste, spend, expend, wear away
gata *f* maid, servant
gatear to creep, crawl
gato *m* cat
gaveta *f* drawer

gemido *m* groan
gemir to groan
género *m* kind, sort, manner;
   bolsa de — *f* cloth bag
genial brilliant
genio *m* temperament
geniol *m* a type of pill or tablet for
   relief of pain
geranio *m* geranium
gerente *m* manager
gesticular to make gestures
gesto *m* gesture
gigantesco gigantic
girar to rotate, turn around, spin
giratorio: sillón — swivel chair
giro *m* turn, rotation
globo *m* balloon, globe
glorioso glorious, boastful
goce *m* possession, enjoyment
golpe *m* hit, blow; de — suddenly
golpear to strike, hit, knock
golpeteo *m* beat, hammering
goma *f* rubber
gordo fat
gorra *f* cap
gozar to enjoy, take pleasure
grabado recorded
gracia *f* humor, amusement
gracioso attractive, comical
graduar to adjust
grandilocuente grandiloquent;
   speaking in a lofty style
grasa *f* grease, fat
gratis free, without charge
grato: tener grato to please
griego Greek
grieta *f* crack, crevice
gringa *f* foreigner (In Mexico, the
   word usually refers to something
   or someone from the U.S.A.)
grisáceo grayish
gritar to shout, scream
gritico *m* little shout

grito *m* shout; llamar a —s to
   shout
grosería *f* coarseness, discourtesy,
   foul word
grosero coarse
gruñir to grunt
guajiro *m* a rustic
guante *m* glove
guapo handsome
guardar to watch, keep, put away
guarecerse to take refuge, take
   shelter
guayabera *f* leisure jacket, leisure
   shirt
guerrera *f* uniform jacket
guiar to guide
guindo cherry red
guiñar to wink
guisa *f* manner; a — de in the
   manner of, in such a way
gusano *m* worm; meek or dejected
   person

haber to have; ha de ir has to go,
   must go; hay que one must
habilidad *f* ability
habitación *f* room
hablás: hablas you speak
hacer to do, make; hace años for
   years; hace poco a little while
   ago; hace un rato a while ago;
   — bolsas to bag out (a bathing
   suit); — calor to be hot; — caso
   to pay attention; — falta to be
   lacking, need; — frío to be cold;
   — la cuenta to prepare the
   account; — memoria to
   remember, pretend to
   remember; — sus compras to
   go shopping; —se to become;
   —se humo to disappear, vanish
   into thin air; —sele la boca agua
   to make one's mouth water

hacia toward; — **abajo** downward

hacienda *f* farm, ranch; finance; **Secretaría de** — Secretary of Finance

hachazo *m* blow or stroke with an axe

hado *m* fate

hamaca *f* hammock

hambre *f* hunger

hambriento hungry; — **de** hungry for

harapiento ragged, tattered

harapo *m* rag

harén *m* harem

harto fed up, full; — **de** fed up with

hay there is, there are; — **que** one must, it is necessary to

haz *m* beam, ray

he aquí behold, consider

hecho made, done; *m* fact, deed; — **pedazos** broken in pieces

helado *m* ice cream

hembra *f* female animal, woman

hereje *m* heretic

herido wounded, hurt

hermosura *f* beauty

heterogéneo heterogeneous, of dissimilar nature

hielo *m* ice

hierba *f* grass

hierro *m* iron

hilo *m* thread; — **de voz** very soft voice

hinchar to swell

historia *f* story, history

historieta *f* anecdote, brief account

hoja *f* leaf, sheet of paper

hojear to leaf through

holgazán *m* idler

hombrecillo *m* little man

hombro *m* shoulder; **encogerse de** — **s** shrug one's shoulders

hora *f* hour; — **s de** — **s** hour after hour; **la** — **de la prueba** the hour of need

hornillo *m* burner

horno *m* oven

horrorizar to horrify

hortensia *f* hydrangea

hosco sullen, gloomy

hoyo *m* hole

hueco hollow; *m* hole, emptiness

huelga *f* strike; **ponerse en** — to go on strike

huella *f* trace

hueso *m* bone

huevo *m* egg

huir to flee, run away

hule *m* oilcloth cover

humilde humble

humillado humbled

humo *m* smoke; **echar** — to give off smoke; **hacerse** — to disappear

hundir to destroy, sink

huracán *m* hurricane

huraño shy, unsociable

hurgar to poke

hurtar to move away

idiotez an idiotic thing

ignorar to be ignorant of, ignore

igual equal, similar; **da** — it's the same thing, it makes no difference

ilusionar to have illusions, have hope

imagen *f* image

impasible unmoved, impassive

impávido intrepid, dauntless

impedir (i) to prevent, impede

imperativo with authority

impertérrito intrepid

imperturbable not easily excited, calm

imponer to impose
importar to be important, matter
impregnar to impregnate
imprenta *f* printing
improviso unexpected; **de —**
   suddenly, unexpectedly
impuesto *m* tax
impulsar to impel, drive, throw
impunemente with impunity,
   without punishment
incapaz incapable
incendio *m* fire
inclinar to tilt, bend, incline
incluso including
incómodo uncomfortable
inconsciente unconscious
inconveniente inconvenient,
   troublesome; *m* difficulty
incorporar to get up, incorporate
incrédulo unbelieving
increíble unbelievable
increpar to scold, reprehend
incrustado inlaid
indescriptible indescribable
índice *m* forefinger
indignar to anger, make indignant
indistintamente indistinctly, in a
   confused manner
inenarrable inexplicable
inesperado unexpected
inestable unstable
inexorable relentless
infame *f* infamous person
infeliz unhappy
infierno *m* hell, inferno
informe without form; *m* report
ingeniero *m* engineer
ingenuo candid, naive
ingresos *m pl* income, revenue
iniciar to begin, start
ininterrumpido uninterrupted
injuria *f* injury
inmovilizar to immobilize, stop

inmundo unclean, filthy
innato innate, inborn
inquietar to worry, excite
inquietud *f* anxiety, uneasiness
inquilino *m* tenant, peasant
insatisfecho unsatisfied
inscribir to register
inseguro insecure, uncertain
insinuante insinuative, crafty
insinuar to insinuate
insolación *f* sunstroke
insolentar to become insolent
insólito unusual
inspectivamente inspectingly,
   inspectively
instalar to install
intensificar to intensify
intentar to try, attempt
intento: de intento purposely,
   knowingly
intercalado: drama intercalado *m*
   play within a play
interior: ropa interior *f* underwear
interponer to interpose, stand
   between
interrogativamente interrogatively,
   questioningly
interrogatorio *m* questionnaire
interrumpir to interrupt
intervenir to intervene
íntimo intimate
inundar to inundate
inútil useless
inventario *m* inventory
inverosímil unlikely, improbable
inyección *f* injection
ir to go; **ha de —** has to go, must
   be going; **—se** to go away; **—se**
   en cursos to have diarrhea
ira *f* anger
irregularizarse to become
   irregular
irrumpir to burst forth, invade

isla *f* island
izquierdo left

jactarse to boast, brag
jadeante breathless
jadeo *m* palpitation, panting
jamás never
jardín *m* garden
jardinero *m* gardener
jarro *m* pitcher
jaula *f* cage
jefe *m* head, boss
jerigonza *f* gibberish
jinete *m* rider
jirón *m* shred
jorobado humpbacked
jovencita *f* young woman
jovencito *m* young man
joya *f* jewel, piece of jewelry
juego *m* game
juez *m* judge
jugada *f* play, stroke
jugar (ue) to play
juguete *m* toy
juicio *m* judgment, trial; a — de
    according to the judgment of, in
    the opinion of; sano —
    completely sane
juntar to gather, join, put together
junto together; — a near, next to
jurar to swear
justamente precisely
justificar to justify
justo just; just exactly
juventud *f* youth
laberinto *m* maze, labyrinth
labio *m* lip
labrar to cut, manufacture
lacrado sealed
ladear to tilt, tip
lado *m* side; al — de by the side of
ladrar to bark
ladrido *m* barking

ladrón thievish; *m* thief; paco-
    ladrón cops and robbers
lagartero *m* alligator hunter
lagarto *m* alligator
lágrima *f* tear
lámpara *f* lamp
lana *f* wool
langosta *f* lobster
lanzar to throw, hurl
lápida *f* tablet, slab of stone
lápiz *m* pencil; — tinta indelible
    lead pencil
largar to loosen, move away; —se
    a flote to surface
largo long; a lo — de all along
lástima *f* shame, pity
lastimar to hurt, wound
lastimero pitiful
latido *m* beat (of heart)
latigazo *m* blow with a whip
latir to beat
latón *m* brass
lavar to wash
lazo *m* bow, ribbon
lector *m* reader
lejano far, distant
lejísimo very far
lejos far; a lo — in the distance
lengua *f* tongue
lentamente slowly
lentes *m pl* glasses, lens
lentitud *f* slowness
lento slow
letanía *f* litany, repetitive chant
letrero *m* sign
levantar to raise; —se to get up;
    — un acta to file a complaint,
    draw up a statement
leve light
levemente slightly
ley *f* law
librar to free
libre free

ligar to tie, join
ligero light; **a la ligera** quickly, lightly
lila lilac color
limar to touch up, polish
limpiar to clean
limpio clean, neat
lindo pretty, beautiful
linterna f lantern
lirio m lily
listo ready
liviano light, of little weight
lo que that which, as for, how
lóbrego dark, gloomy
loco crazy, mad; — **de atar** stark raving madman
locura f madness, insanity
lograr to get, obtain, succeed
longevo long-lived
loseta f small flagstone, tiles
lúbrico lubricious, lewd
luchar to fight, struggle
luego later, afterwards, then; **hasta** — see you later
lugar m place; **tener** — to take place
lúgubre dismal, gloomy, lugubrious
lujo m luxury
lujoso luxurious
lujurioso lustful
luna f moon; mirror, glass; pl eyeglasses; **estar en la** — to be absent-minded, be "out of it"; — **de miel** honeymoon
lunetario m orchestra seats
lustrado m shine
lustrar to polish, shine
luto m mourning; **vestir de** — to be dressed in mourning
luz f light; **dar a** — to give birth

llamar to call; — **a gritos** to shout

llanto m weeping; **acceso de** — outburst of tears
llegada f arrival
llegar to arrive; — **a** to come to
lleno full
llevar to carry, wear, have; — **en peso** to carry off bodily; — **puesto** to wear; —**se** to carry away
llorar to cry
lloriquear to whine, sob
llover to rain
lluvia f rain

machete m machete, cane knife
macho m virile male
madera f wood
madriguera f burrow, den, place of lodging
madrugada f dawn
maestra f woman schoolteacher
maestrica f old maid teacher
majadero silly
mal: de mal very badly
maldad f evil
maldecido wicked, depraved
maldición f curse
¡maldita sea! damn it all!
maldito evil, accursed; m evil or damned thing
malear to injure, harm
malestar m malaise, indisposition
maleta f suitcase
malhumor m ill humor
malicia f malice
malicioso sly, tricky, malicious
malito naughty
maloliente foul-smelling
maltratar to mistreat
malvado evil
malla f metal mesh
mamarracho m something grotesque

mami *f a colloquial term of affection
that can be used for a girlfriend,
mother, or possibly other close
acquaintances.*
mancha *f* stain, spot
manchar to stain, spot
mandar to send, order
mandarina *f* orange color
mandíbula *f* jaw
manera: de manera que so that
manglar *m* plantation of
mangrove trees
manía *f* mania, madness
maniático = maníaco maniac, mad
manicomio *m* insane asylum
manifestarse to show up, be
manifest
manifiesto manifest, clear
maniobra *f* procedure
mano *f* hand; **a —** by hand; **asidos
de la —** holding hands; **—
empuñada** fist
manotazo *m* slap, blow with hand
or paw
manteca *f* butter
mantel *m* tablecloth
mantener to keep, maintain
manzana *f* block
maquillado made-up
máquina *f* machine; **— de coser**
sewing machine
maquinalmente mechanically,
unconsciously
maravillado astonished, amazed
maravilloso wonderful,
marvelous
marcar to mark
marcha *f* march, operation
marcharse to go away, leave
marchito withered
marea *f* tide
mareado dizzy
margen *m* margin; **al — de** on the

edge of
maricón *m* effeminate man
maridito *diminutive of* **marido** *m*
husband (often used as a term of
endearment)
marioneta *f* puppet
mariposa *f* butterfly
mármol *m* marble
marmota *f* marmot, ground hog
martillear to hammer
mártir *m* martyr
martirizar to torture
más more; **— bien** rather; **no —
que** only
máscara *f* mask
mascullar to mumble
materia prima *f* raw material
matinal morning
matraca *f* wooden rattle
mayor *m* major
mazorca *f* ear of corn
mecha *f* lock of hair
mechón *m* lock or tuft of hair
media *f* sock, stocking; **a —s** at
the middle, half way
medianamente fairly, so so,
reasonably
mediante by means of
medida *f* dimension, measure, size
medio half, middle; *m* means; **en
— de** in the middle of; **—
muerto** half dead
mediodía *m* noon
medroso fearful
mejilla *f* cheek
mejor better, best; **a lo —** perhaps;
— dicho rather
mellado notched, cracked
memoria: hacer memoria to
remember, pretend to remember
mendigo *m* beggar
menester *m* need
menor less, least

menos less; **a — que** unless;
cuando — at least; **por lo —** at
least
mensualidad *f* monthly
installment
mentar to mention; **oír —** to hear
mentioned
mentir(ie) to lie
mentira *f* lie
mentiroso *m* liar
mentón *m* chin
menudo: a menudo often,
frequently
mercancía *f* merchandise
merecedor deserving of
merecer to deserve
mermelada *f* marmalade
meseta *f* plateau
mesita *f* small table
meter to put, place; **— la pata** to
intermeddle, stick one's foot in
it; **—se** to meddle, interfere
mezclar to mix
miedo: tener — to be afraid
miel *f* honey; **luna de —** *f*
honeymoon
miembro *m* limb
mientras tanto meanwhile
migaja *f* crumb
milagro *m* miracle
mima *a term of affection such as*
"sweetie"
mimado spoiled
mímica *f* pantomime
mimodrama *m* dramatic
pantomime; the telling of a story
by expressive bodily or facial
movements of the performers
mimoso finicky
mínimo minimal
ministerio *m* ministry, cabinet
mirada *f* look, glance
mismo: da lo mismo it's all the

same
mitad *f* half, middle
moco , mucus; **sorberse los —s** to
sniffle
moda *f* fashion, style
modales *m pl* manners
modificar to modify, change
modo manner, mode; **de — que**
so, thus
mohín *m* gesture, grimace
mojar to wet, soak
molestar to bother, disturb
molestia *f* annoyance, bother
molesto annoyed, bothered
mollera: duro de — obstinate
momentáneo momentaneous
monacal monastic
moneda *f* coin
monja *f* nun
monstruo *m* monster
monstruosidad *f* monstrosity
monstruoso monstrous, huge
montaña *f* mountain; **— adentro**
the backwoods
montar to mount
monte *m* brush, underbrush;
romper — to break underbrush
montón *m* pile
morada *f* dwelling, house;
allanamiento de —
housebreaking
morder (ue) to bite
mordisco *m* bite
morfar to eat *(Argentine slang)*
morir (ue) to die
mortaja *f* shroud
mortecino listless
mosca *f* fly
mostrar (ue) to show
movedizo movable
mover (ue) to move, stir, shake
mudo mute
mueble *m* piece of furniture; *pl*
furniture

mueca *f* grin, grimace
muela *f* tooth
muelle *m* pier
muerta dead; **naturaleza —** still life
muerte *f* death
muerto dead; **medio —** half dead; **— de risa** dying from laughter
muestra *f* sample; **dar —s de** to show signs of
mugre *f* grime, filth
mula *f* mule
multota *f* huge fine
mundo: todo el mundo *m* everyone
muñeca *f* doll
muñeco *m* puppet, doll
muñequito *m* little doll
muro *m* wall
músculo *m* muscle
músico *m* musician
mutis *m* exit
mutuo mutual

nacer to be born
nadador *m* swimmer
nalga *f* buttock, rump
nana *f* scratch, cut
nariz *f* nose
naturaleza *f* nature; **— muerta** still life
naturalidad *f* naturalness
naufragio *m* failure, ruin; shipwreck
navaja *f* razor, knife
negar (ie) to deny; **—se a** to refuse to; **niega con la cabeza** he shakes his head no
negocio *m* business
negro black
nene *m* male child
neutro neutral
niebla *f* fog, mist

niñería *f* childish action
niño *m* child; **de —** as a child
nivel *m* level
noche: de noche at night
nomás just, only
nombre *m* name, reputation
notorio evident, notorious
novato *m* novice, beginner
novia *f* bride, girlfriend; **traje de —** wedding gown
novio *m* boyfriend, bridegroom
nubarrón *m* large threatening cloud
nube *f* cloud
nublarse to become cloudy
nuca *f* nape, neck
nudo *m* knot
nuera *f* daughter-in-law
nuevamente again
nuevo new; **de —** again
nulificado nullified
número *m* issue, number

obedecer to obey
obelisco *m* obelisk (*an upright, tapering pillar, usually with four sides*)
oblicuo oblique
obligar to force, obligate
obra *f* work, literary work
obrar to work, act
obsequiar to give, make a gift of
obstinado stubborn
obviamente obviously
ocasionar to cause
ocultación *f* concealment
ocultar to hide, conceal
oculto hidden
ocuparse de to attend to
ocurrírsele (a uno) to occur to one
odiar to hate
odio *m* hate
odioso hated, hateful

oficinista *m* & *f* office worker
ofrecer to offer
ofrecimiento *m* offer
oído *m* hearing; **al —** confidentially, in a low voice
oír to hear; **dejarse —** to be able or allow to be heard; **— mentar** to hear mentioned
ojal *m* buttonhole
ojalá I hope, wish *(an exclamation, originally from Arabic, meaning "Would to God" or "May God grant")*
ojo *m* eye; **— de la cerradura** *m* keyhole
ola *f* wave
oleaje *m* rush of waves
oler (hue) to smell
olor *m* odor, smell
olvido *m* forgetfulness
olla *f* pot; **— de presión** pressure cooker
opinar to be of the opinion
opio *m* opium
oponer to oppose
optar to choose, decide
oración *f* prayer, speech
orden *m* order, arrangement; *f* order (as in law); **a sus órdenes** at your service
ordenado ordered
ordenar to put in order
oreja *f* ear
orgullo *m* pride
orilla *f* bank, shore; **a —s de** on the shore of
orinar to urinate
orquesta *f* orchestra
oscilante wavering, varying
oscuras: a oscuras in darkness
oscurecer to get dark
oscuridad *f* darkness
oscuro dark, obscure

osito *m* little bear
otoño *m* fall
otorgar to grant
ovalado oval
ovillo *m* ball
oxidado rusty

pacíficamente calmly, patiently
paco *m* "cop"; **paco-ladrón** cops and robbers
pago *m* payment
paisaje *m* landscape
paja *f* straw
pájaro *m* bird
pala *f* dustpan
palabrear to chat
palabrita *interj* on my word; **— de Dios** I swear to God
palanca *f* lever
palanganero *m* washstand and basin
pálido pale
palmear to clap, pat
palo *m* stick, log
paloma *f* pigeon, dove
palomo *m* cock pigeon
palpar to touch, feel
palpitado throbbed, palpitated
pan *m* bread
pantalones *m pl* trousers
pantalla *f* lamp shade
pantorrilla *f* calf of the leg
panza *f* belly
paño *m* cloth
pañuelo *m* handkerchief
papa *f* potato
papada *f* double chin
papera *f* mumps
papi *m* *a colloquial term of affection that can be used for a boyfriend, father, or possible other close acquaintance*
par *m* pair

Vocabulario

para si to oneself
parado spiritless; **de —** standing up
paraguas *m sing & pl* umbrella(s)
Paraíso *m* Paradise
parar to stop
parecer to seem, appear
pared *f* wall
parir to give birth
parlamento *m* speech
parpadear to wink, blink
parte *f* part, place; **a ninguna —** nowhere; **por todas —s** everywhere
partera *f* midwife
partida *f* part, party; **punto de —** starting point, point of departure
partir to split; to depart; **a — de** starting from
parto *m* childbirth
pasar to pass, happen, move; **¿qué te pasa?** what's the matter with you?; **que pasaremos al …** for we'll move to…
pasear(se) to stroll, take a walk
paseo *m* walk, stroll
paso *m* pace, step, passage; **abrir — to** get ahead
pastelito *m* tart, little cake
pastilla *f* tablet, pill
pasto *m* pasture grass
pastor *m* shepherd
pata *f* paw, foot; **meter la —** to intermeddle, stick one's foot in it
patada *f* kick; **dar una —** to kick
patente clear
patillas *f pl* sideburns
patraña *f* lie
patrona *f* mistress, landlady
pavura *f* fear, terror
payaso *m* clown
paz *f* peace

pecado *m* sin
pecho *m* bosom, chest
pedazo *m* piece; **hecho —s** broken in pieces
pedir (i) to ask for, request, beg
pegar to close, shut, stick, glue
peinado hairdo
peinar to comb, groom
peine *m* comb
pelambre *m* coarse hair
pelar to pluck, uncover, show; to cut (hair)
peleador quarrelsome
pelear to fight, argue
peligro *m* danger
peligroso dangerous
pelo *m* hair; **— de barba** beard hair
pelota *f* ball, ball game, jai-alai
peluca *f* wig, hairpiece
peluche *m* plush
peluquería *f* barber shop
peluquero *m* barber
pellejo *m* skin, pelt
pellizcar to pinch
pena *f* pain, shame, grief; **dar —** to cause grief, make one sad; **tener —** to be ashamed; **valer la —** to be worthwhile
pensamiento *m* thought
pensativamente pensively
penumbra *f* penumbra, semi-darkness
pequeñez *f* smallness, trifle
pequeñín *m* little one (*term of endearment*)
perder (ie) to lose; **— los estribos** to lose control; **pierde cuidado** don't worry
pérdida *f* waste, loss
perdonar to pardon
pérfido perfidious, faithless
periódico *m* newspaper

permanecer to stay, remain
permiso *m* permission
perro *m* dog
perseguir (i) to persecute, pursue
personaje *m* character, personage
personal *m* staff, working force
pertenecer to pertain to, belong
pesadilla *f* nightmare
pesado heavy
pesar to weigh, disturb, cause anguish; *m* sorrow; **a — de** in spite of
peso *m* burden, weight, load; monetary unit; **llevar en —** to carry off
pestaña *f* eyelash
petardo *m* firecracker
petrificado petrified
petrificar to petrify, harden
pez *m* fish
piadoso pious, kind
piar to chirp
pibe *m* kid
picar to pierce, burn
picardía *f* knavery, roguery
picaresco mischievous, impish
pico *m* sharp point, beak
pie *m* foot; **a —** on foot; **al — de** at the foot of; **de —** standing; **ponerse de —** to stand up
piedad *f* pity, mercy
piedra *f* rock, stone; **— de afilar** whetstone
piel *f* fur, skin
pierna *f* leg
pieza *f* piece; play; room
pinar *m* pine grove
pinchar to pierce, stick
pincita *f* small tweezers
pintado painted
piojo *m* louse (insect)
piojoso full of lice
pirámide *f* pyramid

piropo *m* flattery, flattering remark
pisada *f* footstep
pisar to step on
piso *m* floor
pizca *f* mite, bit; **no entiendo ni —** I don't understand anything at all
placer *m* pleasure
plácido quiet, placid
plaga *f* plague
plancha *f* iron
planchar to iron
plano plane, level; **primer —** foreground
planta *f* floor (*of a building*), plant
plantear to plan
planto: llanto weeping, crying
plata silver; money
platicar to talk, chat
platillo *m* saucer
playa *f* beach, shore
plaza *f* square, plaza, marketplace
plazo *m* term; **a —s** in installments
plebeyo *m* plebeian
pleno full; **en plena cara** full in the face
plomo *m* lead
pluma *f* pen
población *f* population; **—es callampas** urban slums
pobrecito *m* unfortunate one, poor little thing
pocilga *f* pigpen

poco little; **a —** shortly afterwards; **hace —** a little while ago; **— a —** little by little
poder (ue) to be able; **no — más** to be exhausted; **puede que** it can be that; **¿se puede?** may I come in?

poderoso powerful, wealthy
podés: puedes you can
podrido rotten
poesía *f* poetry; **una —** a poem
pololo *m* boyfriend
polvo *m* powder, dust
pólvora *f* gunpowder
polvoriento dusty
pompa *f* pomp; **casa de —s**
  fúnebres funeral home
poner to put, place; **—se + *adj*** to
  become + *adj*; **—se a** to begin to;
  —se de pie to stand up; **—se en**
  huelga to go on strike
por through, by; **— eso** therefore
porquería dirty, filthy
portador *m* bearer, holder
portar to behave; carry
portátil portable
posapié *m* footrest
posta *f* posthouse, first-aid station
postura *f* position, posture
poza: como chalaco en poza very
  much at home
pozo *m* well
pradera *f* meadow
preámbulo *m* preamble
precaver to prevent
precedido preceded
precio *m* price
precioso precious, valuable,
  charming
precipitado hasty
precisamente precisely
precisar to determine
preferir (ie) to prefer
pregonar to proclaim, call out
preguntar to ask
prejuicio *m* prejudgment,
  prejudice
premiar to reward
premio *m* reward, prize
prender to catch, pin up, seize

prendido angry, furious, flushed
preñado pregnant
preocuparse to worry
preparativo *m* preparation
presión *f* pressure; **olla de —** *f*
  pressure cooker
preso imprisoned, arrested
prestar to lend
presumir to boast
pretender to try to, pretend,
  intend
primavera *f* spring
primer término foreground
primo prime, raw; *m* cousin;
  materia prima *f* raw material
principal: lo principal the biggest
  or most important thing
príncipe *m* prince
principiar to begin
principio *m* beginning; principle; **a**
  —s de at the beginning of
prisa *f* haste, speed; **darse —** to
  hurry; **más de —** faster, more
  rapidly
prisionero *m* prisoner
privado private
privilegiado favored, privileged
probar (ue) to try, test, prove; **—se**
  to try on
procedencia *f* origin
procesar to try, put to trial
profanado profaned
profundamente profoundly
prohibir to prohibit
prójimo *m* fellow man, neighbor
promesa *f* promise
prometer to promise
pronto soon, quick; **de —**
  suddenly; **por de —** for the
  present
pronunciar to pronounce, utter; **—**
  un discurso to give a speech
propensión *f* propensity,
  susceptibility

propio proper, own
proponer to propose
propósito *m* purpose
proteger to protect
provenir to originate from
provocar to provoke, tempt
próximo next
proyecto *m* project
prueba *f* proof, test; **la hora de la
— ** the hour of need; **— fiscal**
financial data
publicar to publish
público *m* public audience; **al —**
to the audience
pudín *m* pudding
pudor *m* decorousness, modesty
pudrir to rot
puerquito *m* little pig, piglet
puesto dressed, placed; **llevar —**
to wear; **— que** since
pulcramente beautifully, neatly
pulmón *m* lung
pulmonía *f* pneumonia
pulsera *f* bracelet; **reloj de —**
wrist watch
punta *f* end, extremity; **en —s** on
tip-toe
punto *m* point; **a — de** about to,
on the point of; **— de partida**
starting point, point of
departure
puño *m* fist
puro pure; merely, just
puta *f* whore, prostitute

quebrar to crack, break
quedar to stay, remain; **—le (a
uno)** to fit, remain to; **—se
dormido** to fall asleep
quedo quiet
queja *f* complaint
quejarse to complain
quejido *m* moan

quema *f* fire, burning; **salir en —**
to leave hurriedly
quemar to burn
querer (ie) to want, desire; **—
decir** to mean
queridito *m* dear little one
querido *m* lover, dear
quicio: sacar de quicio to drive
one crazy
quincena *f* semi-monthly pay
quitar to take away, take out,
remove
quizá(s) perhaps

rabia *f* rage
rabo *m* tail
radiografía *f* X-ray
ráfaga *f* whiff, gust
raíz *f* root, base; **a — de** right
after, stemming from
rama *f* branch
ramera *f* prostitute
ramo *m* bouquet
rapar to shave
rapidez *f* rapidity
raptar to kidnap
rapto *m* rapture, moment of
ecstasy
rara vez seldom
rascadera: hoja de— a heavy,
fibrous leaf
rascar to scratch
rasguño *m* scratch, scrape
raspar to scrape, erase
rastro *m* scent, trail
rato: a cada rato every little while;
hace un rato a short time ago
raya *f* stripe; **a —s** striped
rayado striped
rayo *m* ray, flash of lightning
razón *f* reason; **dar la —** to agree
or indicate that someone is right;
— social firm name; **tener —** to
be right

Vocabulario

re mal very badly
reaccionar to react
real *m* silver coin
realizar to accomplish, carry out
reanimarse to regain enthusiasm
reanudar to renew, resume
rebajar to shorten, lower
rebelado rebelled
recámara *f* dressing room, bedroom
recapacitar to run over in one's mind, recapitulate
recelo *m* fear, anxiety
receloso distrustful, fearful
recinto *m* place, enclosure
reclamar to claim
recluir to seclude, shut in
recobrar to recover, regain
recogedor *m* gatherer
recoger to gather, pick up
recogido drawn back
recomponer to repair
reconfortar to comfort
reconocer to recognize, admit
reconstruir to reconstruct
recordar (ue) to recall, remember, call to mind
recorrer to run over
recortar to outline, profile
rectificar to correct, rectify
recubierto covered
recuento *m* count
recuerdo *m* memento, memory, remembrance
rechazar to reject, repel
redención *f* salvation, redemption
redoble *m* drum roll
redondo round
reducido reduced
referente referring
referir (ie) to refer
reflejo *m* reflex; reflection
reflexionar to think, reflect

reflexivo thoughtful
refrán *m* proverb
refregar (ie) to rub
refugiar to shelter, take refuge
refugio *m* refuge
regadera *f* sprinkler, watering pot
regalar to present, give a present
regalo *m* gift, present
registrar to search
regresar to return
regreso *m* return
rehacer to make over, do over, repair
rehuir to avoid
reinecita *f* little queen
reiniciar to begin again
reír to laugh
reja *f* grate, grill
relámpago *m* lightning, flash
relato *m* report, story
reliquia *f* trace, relic
reloj *m* watch, clock; — **de pulsera** wrist watch
reluciente shining
remecer to swing, rock
remediar to remedy
remedio *m* remedy; **no hubo más — que** there was nothing to do but
remilgo *m* nicety
remolino *m* whirlwind
remordimiento *m* remorse
rendija *f* crack, crevice
renegar (ie) to deny
renunciar to reject, act disapprovingly
reparar to repair, mend; — **en** to notice, pay attention to
repartido divided
repente: de repente suddenly
repentino sudden
repetir (i) to repeat
repoblar to repopulate

reposo *m* rest
representación *f* performance, representation
representante *m* representative
reprobatorio reprobative, admonishing
reprochar to reproach
repugnar to be repulsive
resbalar to slip
resollante resonant
resonar to resound, echo
respaldo *m* back
respecto a with regard to
respetar to respect
respeto *m* respect
respingar to ride up, curl up
respirar to breathe
resplandeciente brilliant, radiant
respondés: respondes you respond
respuesta *f* answer
restablecido reestablished, recovered
restante remaining
restos *m pl* remains
restregar to rub
resuelto resolved, solved
resultado *m* result
resultar to become, turn out to be, result
resumidas: en — cuentas in summary, in short
retazo *m* piece
retirada *f* retreat
retirar to take away, remove
retobadísimo wily, cunning
retocar to retouch, touch up
retorcido twisted, contorted
retornar to return
retrato *m* photograph, picture
retroceder to back away, retreat
reventado exhausted, worn out
reventante annoying, vexing

reventar (ie) to blow up
revés *m* reverse; **al —** in the opposite way
revisar to reexamine, revise
revista *f* magazine
revolcar (ue) to knock down
revolver (ue) to stir, turn around; to search around, feel around
revuelto disordered
reyecito *m* little king
rezar to pray, say a prayer
rico rich, nice; **estar —** to be very nice, great; **ser —** to be very nice
riéndose laughing
riesgo *m* danger, risk
rigor: en rigor in reality
rincón *m* corner
riña *f* fight, struggle
riqueza *f* riches, wealth
risa *f* laugh, laughter; **muerto de —** dying from laughter
risueño smiling, agreeable
rítmico rhythmical
rito *m* rite, ceremony
robar to rob
robo *m* robbery, theft
rodar (ue) to roll
rodear to surround
rodilla *f* knee; **caer de —s** to fall on one's knees; **de —s** kneeling
rogar (ue) to beg
rojizo reddish
romero *m* rosemary
romper to break, tear; **— a** to burst out; **— monte** to break underbrush
rondador *m* type of cane flute
rondar to go around, wander
ropa *f* clothing; **— interior** underwear
ropero *m* wardrobe, closet
rosa *f* rosy, pink
rosado pink, rose-colored

rostro *m* face
roto broken, torn; debauched; *m* member of the urban poor class
rozar to graze
rubicundo rosy with health
rubio blonde
rueda *f* circle, wheel
rugido *m* roar
rugir to bellow, roar
ruido *m* noise
ruiseñor *m* nightingale
rulo *m* a waterless area; **no sea tan de —** don't be afraid of the water
rumbo *m* direction
rumor *m* murmur
ruso Russian
rutina *f* routine
rutinario routine

sábana *f* sheet
sabiamente knowingly, wisely
sabor *m* taste
sacar to take out, remove; **— de quicio** to drive one crazy; **— fuerzas** to draw strength
sacerdote *m* priest
saciar to satiate
sacudida *f* jolt
sacudir to shake
sagrado sacred
sal *f* salt
salado salty
salida *f* leaving, departure; **dar — a** to give vent to, express
salir to go out, exit, enter onto stage
salmodia *f* psalmody, psalm
salón *m* parlor
salpicado spattered
salsa *f* sauce
saltar to jump, leap; **— a la vista** to be self-evident

salto *m* jump, leap; **dar un —** to jump
salud *f* health
saludar to greet
saludo *m* greeting
salvaje *m* savage
salvar to save
salvo except
sandía *f* watermelon
sangrar to bleed
sangre *f* blood
sano healthy; **— juicio** completely sane
santificado sanctified
santo holy
saridón *m* *a pill or tablet for relief of pain*
sastre *m* tailor
satisfecho satisfied
seborrea *f* oily scalp
seboso greasy
secar to dry
seco dry, withered; **cortar en —** to cut short
secuestrar to kidnap
seda *f* silk
sedante *m* sedative
seguida: en seguida at once, right away
seguir (i) to continue, follow
según according to
segundo second; **— término** background
seguridad *f* surety, certainty
seguro: estar seguro to be sure
selva *f* jungle
semana *f* week
semblante *m* expression
sembrado sown
semejanza *f* similarity, resemblance; **a — de** like, in the image of; **a — suya** in his image or likeness

semilla *f* seed
sencillo unaffected, simple
sendo long; **en —s troncas** each on his own log
seno *m* bosom
sentarse (ie) to sit
sentencia *f* dogmatic opinion or statement
sentido *m* sense; **tener —** to have meaning, make sense
sentir (ie) to feel, regret; **—se** to feel (strong, weak, etc.)
seña *f* sign
señalar to signal, point
señoritingo *m* sissy, no-account (*derogatory expression*)
sepa *the present subjunctive of* saber
sepelio *m* burial
sepulcro *m* tomb, sepulcher
sepultado buried
ser to be; **— cierto** to be certain, be correct **— rico** to be very nice; *m* being
serie *f* series
serio serious, solemn
sermonear to sermonize
serpiente *f* snake
servicio *m* dishes; service
servidor *m* servant
servir (i) to serve
seso *m* brain; **devanar los —s** to rack one's brains
siempre que whenever
sien *f* temple
sierpe *f* serpent, snake
siglo *m* century
significado *m* meaning
significar to mean, signify
significativo significant
siguiente following, next
silbar to whistle
silvestre wild
silla *f* chair

sillón: — giratorio swivel chair
simpatía congeniality
simular to pretend, simulate
sin embargo nevertheless
sindicato *m* labor union
siniestro sinister; *f* left hand; **a diestra y siniestra** right and left
sinuoso sinuous, wavy, evasive
siquiera although, even; **ni —** not even
sirvienta *f* servant
sitio *m* place
smoking *m* tuxedo, dinner coat; **vestido de —** wearing a tuxedo
sobar to massage, rub
soborno *m* bribery
sobrante left over, surplus
sobrar to be left over, be in excess
sobre *m* envelope
sobresalir to stand out
sobresaltarse to be startled
sobrevenir to happen, take place
sobreviviente *m* survivor
sobrevivir to survive
sobriedad *f* sobriety
sobrina *f* niece
sobrino *m* nephew
social: razón social *f* firm name
socio *m* business partner
sofocar to choke, suffocate
solamente only
solas: a solas alone, by oneself
soldado *m* soldier
soledad *f* solitude, loneliness
soler (ue) to be accustomed to
solicitado solicited, asked for
solicito careful
soltar (ue) to let go, release
soltera *f* unmarried woman
solucionar to solve
sollozar to sob, cry out
sombra *f* shadow
sombrero *m* hat

sombríamente shadily
someter to submit
sonámbulo *m* sleep walker
sonar (ue) to sound, ring
sonido *m* sound
sonoro loud, sonorous
sonreír to smile
sonriente smiling
sonrisa *f* smile
soñar (ue) to dream; — **con** *or* **en** to dream about
sopa *f* soup
soplar to blow, fan
soplo *m* breath, gust
soportar to bear, put up with
sorber to sip, swallow; **—se los mocos** to sniffle
sordina: en sordina mutely, softly
sordo dull, deaf, muffled
sorprender to surprise
sorprendidísimo very surprised
sorpresa *f* surprise; **vaya —** what a surprise
sortilegio *m* sorcery, witchery, spell
sos: eres you are
sospecha *f* suspicion
sospechar to suspect
sostener to support, hold up
suave suave, soft
subgerente *m* assistant manager
subir to go up, to rise
súbito sudden
subrepticiamente surreptitiously
subsistir to remain, subsist
subterráneo *m* subway
suceder to happen, take place
sucio dirty
sudoroso sweaty
suegra *f* mother-in-law
sueldo *m* salary
suelo *m* ground, floor
suelto loose, apart

sueño *m* dream, sleep
suerte *f* luck, fortune; **echar —s** to draw lots, choose heads or tails; **tener —** to be lucky
sufrir to suffer
sugerir (ie) to suggest
sulfurar to irritate, anger
suma *f* sum; **en —** in short; **— cortesía** great courtesy
sumir to immerse, sink, plunge
suntuoso sumptuous
superar to overcome
suplicar to beg, implore
suponer to suppose
suprimir to remove, suppress
supuesto supposed; **por —** of course
surgir to surge forth
suspender to stop, suspend
suspirar to sigh
susurrante whispering
susurro *m* whisper
sutilmente subtly

tacto *m* touch, tact; **al —** by touch
tacho *m* metal container
tafetán *m* taffeta, thin silk
taimado embarrassed, sullen
tajante cutting
tajo *m* cut
taller *m* workshop; **— de costura** sewing shop
tamaño *m* size
también also
tambor *m* drum
tampoco neither, either
tanto so much; *m* sum, amount; **en —** in the meantime; **mientras —** meanwhile; **no es para —** it's not that important; **un —** somewhat
tapa *f* lid, cover
tapia: — de barro adobe wall

tararear to hum
tardar to delay
tardío late, slow
tarea *f* task
tarjeta *f* card
taza *f* cup
té *m* tea; **juego de —** tea set
técnica *f* technique
técnico technical
techo *m* roof
tejer to knit
tejido *m* knitting
tela *f* cloth, fabric
telaraña *f* spider web, cobweb
telegrafista *m* telegraph operator
telita *f* thin fabric; **— de cebolla** thin onion skin
telón *m* curtain; **al correrse el —** when the curtain is drawn (raised)
tembladera *f* bog
temblar (ie) to shake, tremble
tembloroso trembling
temer to fear
temible frightful
temor *m* fear
temprano early
tender (ie) to stretch, hang; **—se a** to stretch oneself out
tendido *m* the clothes hung out to dry
tener to have, possess; **— cuidado** to be careful; **— en cuenta** to take into account; **— ganas de** to feel like; **— lugar** to take place; **— miedo** to be afraid; **— pena** to be ashamed; **— que** to have to; **— que ver con** to have to do with; **— razón** to be right; **— sentido** to have meaning, make sense; **— suerte** to be lucky
tenga take it

tenida *f* outfit
tentador tempting
tentar to tempt
tenue thin, tenuous
teñido dyed, stained
teogonía *f* theogony, relating to the origin of the gods
tequilita *f* little drink of tequila
tercero third
terco stubborn
terminar to finish; **hemos terminado** we're through
término *m* end; **primer —** foreground; **segundo —** background
ternura *f* tenderness
terrena earthly
terreno *m* terrain
terso smooth, terse
testigo *m* witness
tétrico sullen, gloomy
tez *f* complexion
tía *f* aunt
tiburón *m* shark
tiempísimo much time
tienda *f* store
tierno tender
tieso stiff, taut
tiesto *m* flowerpot
tigre *m* jaguar
tijeras *f pl* scissors
timbre *m* bell, doorbell
tinieblas *f pl* darkness
tinta *m* tint, color
tinta *f* ink
tío *m* uncle
tipejo *m* guy *(with negative connotation)*
tipo *m* type, guy
tirar to pull, fling, throw, flip
tirón *m* jerk, pull
tironear to jerk, jump
títere *m* puppet

titubear to stagger, totter
título *m* title
tiznar to stain, burn
toalla *f* towel
tocar to touch, feel, ring; —**le (a uno)** to be one's turn
tocás: tocas you ring, touch
todo el mundo everyone
tomacorriente *m* socket
tomar to take, eat, drink
tono *m* tone
tontería *f* nonsense, foolishness
tonto foolish, silly; *m* fool
toquido *m* knock
torcido crooked, bent
tormenta *f* storm
torno *m* turn, revolution; **en** — a round; **en** — **de** around
torpe awkward, clumsy
torpeza *f* slowness, awkwardness
torta *f* cake; — **de bodas** wedding cake
tortillería *f* tortilla shop
toser to cough
tostado tanned, sunburned
trabajo *m* work; **costar** — to be difficult
trabajosamente laboriously
traer to bring
tragar to swallow
traición *f* treachery, treason
traicionar to betray
traidor *m* traitor
traje *m* suit, dress; — **de baño** bathing suit; — **de gala** formal dress; — **de novia** wedding gown
trajín *m* moving about
tramo *m* distance, stretch
trampa *f* trap
trance *m* critical moment, last moment of life
tranquilizador calming,

tranquilizing
transcurrir to lapse, pass
transformar to change, transform; —**se en** to turn into, be transformed into
transporte *m* transportation
tranvía *m* trolley, streetcar
trapisondeo *m* deception
trapo *m* rag
trapos *m pl* duds, clothes
tras after, behind
traste *m* rump, buttocks
trastornar to upset
trastorno *m* upsetting thing
tratá: trata try
tratar to treat, deal with; — **de** to endeavor; —**se de** to be a question of
través: a través de through
tremendo dreadful, horrible
trillado stale, repeated; thrashed around
trino *m* trill
triunfo *m* triumph
trompa *f* mouth *(fig)*
trompeta *f* trumpet
tronco *m* trunk
tropezar to stumble, trip over
trozo *m* piece
truculento cruel, fierce
trueno *m* thunder
trunco truncated, cut off
tuerca *f* nut
tumba *f* grave, tomb
tumefacto swollen
turbado disturbed, upset
turno *m* turn, shift
tutear *to address a person using the familiar personal pronoun* tú

último last; **por** — finally
ultrahumano superhuman
ulular to screech

umbral *m* threshold, doorsill
ungüento *m* ointment, unguent
unir to unite, join
untado smeared
uña *f* fingernail
uñota *f* claw, large nail
usar to wear, use
útil useful; *m* utensil
utilidad *f* utility, usefulness

vaciadero *m* dumping place
vaciar to empty, vacate
vacilación *f* hesitation
vacilante hesitant
vacilar to hesitate
vacío *m* empty space, void
vago vague
vaho *m* vapor
valenciana *f* cuff
valer to be worth; **más vale** it is better, **— la pena** to be worthwhile
valioso valuable
valor *m* courage, value
valorizar to appraise, emphasize
vals *m* waltz
vanidoso vain
vano vain
vaquita *f* small cow
varios various
varonil manly, virile
vaso *m* glass
¡vaya! go on! *(exclamation)*; **¡— sorpresa!** what a surprise!
vecino *m* neighbor
vedado prohibited
vegetal *m* vegetable
vejación *f* vexation
vejez *f* old age
vela *f* candle
veladora *f* wooden candlestick
velar to watch over; guard; **— por** to watch over, keep track of

velozmente rapidly
vena *f* vein
venado *m* deer
vencer to conquer, overcome
vencido conquered; **dar por —** to give up
venda *f* bandage
vendedor *m* salesman; **— ambulante** door-to-door salesman
vender to sell
vengador *m* avenger
venganza *f* vengeance
vengar to avenge, take revenge
venta *f* sale
ventaja *f* advantage
ventana ciega *f* false window
ventilador *m* fan
ver to see; **a —** let's see; **tener que — con** to have to do with; **vamos a —** let's see; **— el cielo abierto** to see one's way out of difficulty
veranear to summer, take a summer vacation
veraneo *m* summer vacation
verano *m* summer
veras: de veras really
verdad *f* truth; **¿— ?** is that so?
vergonzoso shameful
vergüenza *f* shame
verso *m* line
verter (ie) to pour
vertiente *f* waterfall
vertiginosamente madly
vértigo *m* dizziness
vestido *m* suit, dress; **— de smoking** wearing a tuxedo, dinner jacket
vestir (i) to dress, wear; **— de luto** to dress in mourning
vez *f* time; **a la —** at the same time; **a su —** taking his turn; **a veces**

Vocabulario

at times; **de una —** at once; **de una — por todas** once and for all; **de — en cuando** from time to time; **en — de** instead of; **rara — seldom**

viaje *m* trip, journey
vibrar to vibrate
vieja *f* old woman
viejecita *f* little old woman
viejito *m* little old man
viejo old
vientecito *m* light wind
viento *m* wind
vientre *m* stomach, womb
viga *f* beam, rafter
vigilar to watch over
vigilia *f* vigil
violar to rape, violate
virar to turn
Virgen Virgin *(Often used as an exclamation. Refers to the Virgin Mary.)*
virtud *f* virtue
víspera *f* eve, day before
vista *f* sight, view; **a la — de** in view of; **bajar la —** to look down, lower one's eyes; **en — de que** considering that; **saltar a la —** to be self-evident; **volver la —** to turn one's eyes
visto seen; **estar —** to be evident
viuda *f* widow
viudo *m* widower
vivienda *f* house, dwelling
vivir to live
vivo live, vivid, quick; **a viva fuerza** by sheer strength; **la muy viva** the rascal, scoundrel
vocear to shout
volante *m* ruffle
volar (ue) to fly, blow up
voluble fickle, inconstant
voluntad *f* will, desire; **de buena**

— willingly
voluptuosidad *f* voluptuosness
volver (ue) to return; **— a** to do something again; **— la vista** to turn one's eyes; **— le la espalda** to turn one's back on, **—se** to turn around
voraz voracious, destructive
vos you *(used as second person singular pronoun in some parts of Spanish America)*
voz *f* voice; **dar voces** to shout; **en — baja** in a low voice
vuelo *m* flight
vuelta *f* turn; **dar una —** to take a stroll; **dar —s** to turn around, go around in circles
vulgar common, ordinary

ya still, yet; **— no** no longer
yacer to lie
yaragua *f* type of grass
yarey *m* species of palm tree
yendo going
yute *m* jute

zambo *m* person of Indian and Negro parentage, mulatto
zapatito *m* little shoe
zoológico *m* zoo
zozobra *f* anguish, anxiety
zumbar to buzz, ring
zurcir to mend